REIKI

Carsten Kiehne

1. Grad - Shoden : Workshopmappe

Bibliografische Information der Deutschen Nationalbibliothek: Die Deutsche Nationalbibliothek verzeichnet diese Publikation; detaillierte bibliografische Daten sind über dnb.d-nb.de abrufbar.

Impressum

Texte: © Copyright by Carsten Kiehne
Fotos: © Copyright by Carsten Kiehne

Veröffentlichung: Juli 2022, 6. Aufl.
ISBN   978-3-756225910

Herstellung & Verlag: BoD – Books on Demand, Norderstedt

Verlag: Selbstverlag REIKI-IM-HARZ & SAGENHAFTER HARZ
                    Friedrichsdorfstr. 11, 06485 Bad Suderode

                    www.sagenhafter-harz.com & www.reiki-im-harz.de
                    carsten.kiehne@gmx.net

... von tiefer Dunkelheit ins Licht ...

Inhaltsverzeichnis   **Seite**

Zu meiner Person.. 06

1. Reiki – Was ist das?... 07

    1.1. Einführung... 07

    Exkurs: Reiki & Motivation.......................... 08

    1.2. Die Schreibweise des Reiki-Symbols.............12

    1.3. Die Bedeutung des Reiki-Symbols.............. 13

2. Die Legende von Mikao Usui Sensei........................... 18

3. „Gokai" - Die Lebensregeln...................................... 22

    3.1. Gerade heute 24

    3.2. ... ärgere dich nicht................................25

    Exkurs Ärger... 26

    3.3. ... sorge dich nicht................................29

    Exkurs Sorge... 30

    3.4. ... sei dankbar......................................32

    Exkurs Dankbarkeit................................. 33

    3.5. ... arbeite hart an dir..............................36

    3.6. ... sei gut zu allen Wesen...................... 37

4. Übertragungslinie.. 41

5. „Gyosei" – die Waka-Gedichte des Meiji-Kaisers......42

6. Einweihung und Reinigungsphase........................... 43

6.1. Exkurs: Krankheit und Gesundsein.................................43

6.2. 21 Tage Reinigungsphase unter meiner Mitarbeit............47

6.3. Vertrag zum Reinigungsritual...47

Erfahrungsbericht..48

7. Die Drei Säulen des Reiki: Eigen- oder Fremdbehandlung..........50

7.1. Gassho – Meditation..50

7.2. Reiji-Ho – Gebet...51

7.3. Chiryo – Behandlung..51

8. Handpositionen.. 52

8.1. Einige Tipps vor dem Start.. 52

8.2. Ganzkörperbehandlung...52

8.3. Sonderpositionen..57

8.4. Gruppenbehandlung – Ein Behandlungsbeispiel.............. 58

Exkurs: Chakren...60

9. Meditation & Reiki-Methoden..62

9.1. Exkurs Meditation..62

9.2. Spezielle Meditationen.. 65

10. Wahrnehmungen beim Reiki-Geben – Byosen........................ 77

11. Abschließende Gedanken zur „Heilung"..............................79

Exkurs: Entwurf eines eigenen Reiki-Rituals........................80

12. Literaturliste.. 82

Zu meiner Person & Reiki

Ich durfte Reiki an der Uni in Lüneburg während meines Sozialpädagogik-Studiums kennen- und genießen lernen, da mein Professor der Ansicht war, ein Sozialpädagoge müsse vor allem sich 1. in sein Gegenüber hineinfühlen, sich 2. nach dem Kontakt wieder aufladen und sich 3. selbst reflektieren können. Die ganze Theorie, so sein Gedanke, könne man sich nachträglich einfach anlesen – so durfte ich also über mehrere Semester Reiki lernen und das dazu von einem Meister (und Freund), der selbst von Mary McFadyen unterrichtet wurde – eine der bekanntesten Schülerinnen von Takata Sensei! Was ich bei den Einweihungen und den sehr ursprünglichen Lehreinweisungen erfuhr, war phänomenal.

Ich möchte dazu sagen: ich liebe es einfach, natürlich, herzlich … und bin manchmal arg ungeduldig. ☺ Bei all dem kam mir Reiki absolut entgegen: Reiki braucht nicht viel, ich lege die Hände ins Gassho und schon spüre ich das Kribbeln in den Fingern. Mittlerweile aktiviere ich Reiki allein beim Gedanken daran, dass ich meine Hände zusammenlege. Ich kann es überall tun: beim Warten auf irgendetwas, draußen in der Natur, im Büro oder beim Autofahren. Überall kann ich mich in wenigen Minuten auftanken. Den ersten Reiki-Grad erlerne oder lehre ich an einem einzigen Wochenende – schon kann die innere Arbeit beginnen und ist doch gleichsam so vielseitig, dass ich Jahre damit füllen kann, mein Selbst zu erfahren. Für mich ist Reiki bedingungslose Liebe. Es bringt Menschen zueinander, verbindet Herzen und Seelen … so wünsche ich mir unser Sein hier auf Erden. Möge Reiki auch dich so beschenken, dein Carsten

1. Reiki - Was ist das?

1.1. Einführung

Reiki (gesprochen „Reeki") setzt sich aus den japanischen Worten „Rei" (Kosmos) und „Ki" (Energie) zusammen, was soviel bedeutet, wie „Universelle" oder **„Spirituelle Lebensenergie"**! Die Heilenergie beginnt in mir zu fließen, wenn ich von einem Reiki-Lehrer eingeweiht worden bin, was meinen Energiekanal (Bahn der Chakren) öffnet und reinigt. Durch die Einweihung kommt es zur Verfeinerung der Sinnes- und Selbstwahrnehmung. Ich bin damit selbst Kanal für die Reiki-Energie, und gebe bei einer Behandlung nichts von meiner eigenen Energie ab!

Ich behandle, dankbar im Bewusstsein, Kanal sein zu dürfen, und mit der Bitte, dem besten Wohle aller Wesen zu dienen. Reiki fließt dabei durch den Körper, durch meine Hände (auch durch die Augen und den Atem) in den Organismus des zu Behandelnden. Reiki gibt also zuallererst mir selbst Energie, stillt mein eigenes Bedürfnis und fließt anschließend weiter. Ob ich bei der Behandlung die Hände auflege oder einen geringen Abstand zum physischen Körper lasse, ist abhängig von meiner Entscheidung und der meines Gegenübers. Allerdings besitzt schon das Handauflegen eine liebevolle Heilwirkung, als eine der natürlichsten Sachen der Welt. Wer ließ sich nicht schon gerne von dieser tröstenden Geste beruhigen?

Reiki energetisiert den Menschen auf mehreren Ebenen: der Körperlichen (z.B. Durchblutung, Wärme der Hände), der Mentalen (positive Gedanken, Leersein des Geistes), der Emotionalen (mitfließende Liebe) und der Reiki-Energie an sich. Als alternativmedizinisches Behandlungsverfahren regt Reiki Selbstheilungskräfte und seelische Wachstumsprozesse an. Dabei wirkt es auf allen Ebenen unseres Seins (physisch, psychisch, emotional & spirituell). Meines Erachtens erweitert Reiki das Bewusstsein, löst Blockaden, entfernt Gifte, stimuliert normale Organfunktionen, fördert die Regeneration von beschädigtem Gewebe, stärkt das Immunsystem und schützt vor Erkrankungen. Vorteilhaft ist auch, dass Reiki nicht im Konflikt mit medizinischen oder medikamentösen Therapien steht. Andere Behandlungsformen können durch Reiki sogar unterstützt, sollten aber nicht dadurch ersetzt werden!!!

Reiki fließt automatisch, sowohl bei Körperkontakt als auch bei klarer Geistes-Ausrichtung (z.B. bei Fernbehandlungen, die Thema des 2. Reiki-Grades sind).

Es fließt immer genau dorthin, wo und solange es benötigt wird. Zu beachten ist allerdings, dass Reiki manchmal nicht so wirkt, wie es sich der Behandelte wünscht! Reiki richtet sich nicht immer nach den Erwartungen des „Egos", sondern fördert stets die Genesung aller inneren Wesensanteile, die Heilung meines Selbst, was bedeutet, dass es durchaus verdrängte Inhalte ans Tageslicht bringt und uns darin unterstützt, alte Themen anzupacken und auszuheilen. Ein Beispiel: Jemand kam mit Migräne zu mir und wollte die Kopfschmerzen einfach „weghaben" – ganz so aber funktioniert „das Spiel" nicht. Jedes Symptom ist ein symbolischer Hilferuf meiner Seele, die den Körper als Sprachrohr benutzt. Als die Klientin mit Reiki behandelt wurde, spürte sie plötzlich eine große Traurigkeit aufkommen. Das machte ihr Angst, das hatte sie nicht erwartet. Gemeinsam fanden wir den Mut, der Traurigkeit auf den Grund zu gehen. Sie weinte viel bei dieser Reiki-Anwendung, krümmte sich, schrie … und verließ die Sitzung leichtfüßig schwebend, lächelnd – die Migräne kam niemals mehr wieder!

Reiki ist nicht religionsgebunden und kann überall, zu jeder Zeit, von jeder Person angewandt und erlernt werden. Traditionell werden vier Grade gelehrt. Der erste Grad (Shoden - Beginn der Lehre), der zweite Grad (Okuden - Techniken zur Kraftver-stärkung, zum Schutz und Ausgleich und zur Überwindung der Grenzen von Raum und Zeit, zum Zwecke der Fernheilung), der Meistergrad (3a) und der Lehrergrad (3b – der befähigt, selbst Einweihungen vorzunehmen).

Exkurs: Reiki & Motivation

„Die Motivation mit Reiki zu arbeiten entscheidet darüber, was durch Reiki in mir geschehen, auf welchen Ebenen ich tiefe Heilung zulassen kann!"

Meine Motivation Reiki lernen zu wollen, war mir anfangs eigentlich nicht bewusst. Es war ein Seminar, angeboten wie viele andere an der Universität Lüneburg bei meinem Professor und Freund Dierk Trempler, unter dem Deckmantel „Heilpraxis I in der Sozialen Arbeit" … von Wegen der Wissenschaftlichkeit! ☺

Reiki und Handauflegen? Das war mir eigentlich anfangs suspekt – Selbsterfahrung mittels Meditation hingegen ein bekannter und hochgeschätzter Weg. Nun saß ich unter Frauen in einem Reiki I Einführungskurs – von Dierk einmal abgesehen war ich der einzige Mann (ein ziemlich eingeschüchterter noch dazu, wenn man sich nur die Mühe gab unter den Deckmantel meiner Unerschütterlichkeit zu blicken).

Was ich über das Usui-System erfuhr, hörte sich spannend an, zunehmend packte mich die Neugierde. Am Ende des Einführungstages, stand fest: „Ich zieh's durch!" Ich freute mich auf eine zusätzliche (mir einst beliebige) Qualifikation und auf die Reinigungsmeditation, die bereits am folgenden Tag beginnen sollte. – Am Abend aber, kam ein Nachbar und sagte, dass er morgen Vormittag spontan heiraten wolle, nicht mehr im kleinsten Kreis, sondern nun doch mit Familie und Freunden. Er fragte, ob ich nicht so mal eben sein Trauzeuge werden wolle? Natürlich sagte ich ja!

Eine Woche später, sollte dann die Einweihung in Reiki stattfinden. Vorfreude und Aufregung stand mir ins Gesicht geschrieben. Ich betrat den Raum, wurde von vielen freundlich begrüßt, von einem Gesicht aber missbilligend wahrgenommen. Nach einer kurzen Hier-&-Jetzt-Runde, in der wir unsere Gefühle äußerten, sprach dieser „bitterböse" Frauenmund (ich nenne sie hier Kerstin, der Name ist also geändert), dass ich an der Reiki-Einweihung ja wohl nicht teilnehmen könne, ich wäre ja schließlich zur Reinigungsmeditation nicht dagewesen, die Anwesenheit an allen Meditationstagen sei aber verbindlich geforderte Voraussetzung! Warum solle denn ausgerechnet bei mir eine Ausnahme gemacht werden? – Ich verstand die Welt nicht mehr: „Ich darf nicht teilnehmen?" Richtig, ich hatte zwar den Termin zur Reinigungs-meditation nicht wahrgenommen, aber doch nicht aus irgendeinem banalen Grund: ich war Trauzeuge, aber das spielte keine Rolle. Ich durfte meine Sachen packen! Glaub mir: ich schäumte vor Wut. Wie konnte Kerstin sich erdreisten mich rauszu-schmeißen? Ich wollte sie nicht mehr anschauen, kein Wort mehr mit ihr sprechen, ich polterte, schnaufte, kochte ... und die ganze Welt konnte mich mal kreuzweise! Alles wär' so schön gewesen: jetzt Reiki I, in zwei Monaten Reiki II und am Ende des Jahres, wäre ich „Meister" geworden – „Meistersein" das war mir damals wichtig!

Was dann? Tja, ich „durfte" wirklich ein ganzes Jahr warten, bis „Heilpraxis I - in der Sozialen Arbeit" ein nächstes Mal im Semesterplan ausgeschrieben war. Und ich wartete! Ich schwor mir: „Das nächste Mal versäume ich keine Stunde des Kurses, selbst wenn ein Erdbeben die Uni zerstört." Ich würde stoisch im Schutt des Raumes 101 sitzen bleiben, mich meditativ reinigen und Reiki empfangen! – So saß ich dann tatsächlich frühmorgens als Erster im Kurs. Reiki war kein x-beliebiger Inhalt mehr. Das hier war wichtig, das spürte ich deutlich! Nie zuvor hatte ich so lange auf etwas warten müssen. Die Zeit habe ich gebraucht, um tatsächlich bereit zu sein; bereit dafür jedes Wort meines Lehrers Dierk einzuatmen, als wäre es kostbarstes Lebens-elixier! Die Einweihung in Reiki war ein Zauber - oh, du große Schule des Lebens.

Und Kerstin, vielleicht liest sie ja diese Zeilen: „Kerstin, früher habe ich dich für mein Leid verantwortlich gemacht! Welche Wut spürte ich in mir und meinte, du hättest sie hervorgerufen?! Verzeih bitte und nimm, wenn du magst, meine besten Wünsche ent-gegen! Heute weiß ich, du warst Spiegel meiner Motivation, Prüferin der Ernsthaftigkeit meines Weges mit Reiki. Ich danke dir von Herzen dafür, mir das Wesentliche vor Augen geführt zu haben! Dank dir, kann ich Reiki heute in aller Tiefe leben."

So erforsche ich nun täglich, was meine Motivation bezüglich Reiki ist, wie viel Herzens-Kraft sie in sich trägt! Jetzt bin ich bereit, Reiki zu empfangen und tagtäglich die Verantwortung für mein Leben zu tragen (die dieser teils steinige, doch wunderschöne Prozess unweigerlich mit sich bringt)!"

Aber weshalb ausgerechnet Reiki, weshalb etwas „Japanisches"?

➤ Reiki stammt aus Japan, ist aber nicht japanisch! Reiki ist eine interkulturelle, überkonfessionelle Lebensenergie, die alle Wesen höher schwingen lässt!

➤ Reiki steht mit keiner anderen Idee, keinem Glauben und keinem Gesetz in Konflikt. Es gibt keine Kontraindikation oder Nebenwirkungen (außer dem höheren Grad an Bewusstheit. ☺ Reiki kann als Ergänzung (nicht als Ersatz) zu jeder medizinischen oder psychologischen Therapie eingesetzt werden und stärkt diese.

➤ Reiki ist schnell & kostengünstig erlernbar, im Alltag sofort integrier- und anwendbar. Dabei ist die Anwendbarkeit nur von Grenzen der eigenen Phantasie und Motivation eingeengt.

➤ Reiki ist Hilfe zur Selbsthilfe – es macht uns handlungskompetent, unabhängig und kann uns eine gute Brücke zur eigenen Spiritualität weisen. Als geschlossenes System bietet es uns dennoch größte Offenheit!

➤ Für mich ist Reiki pures Licht ... und nichts als Liebe!

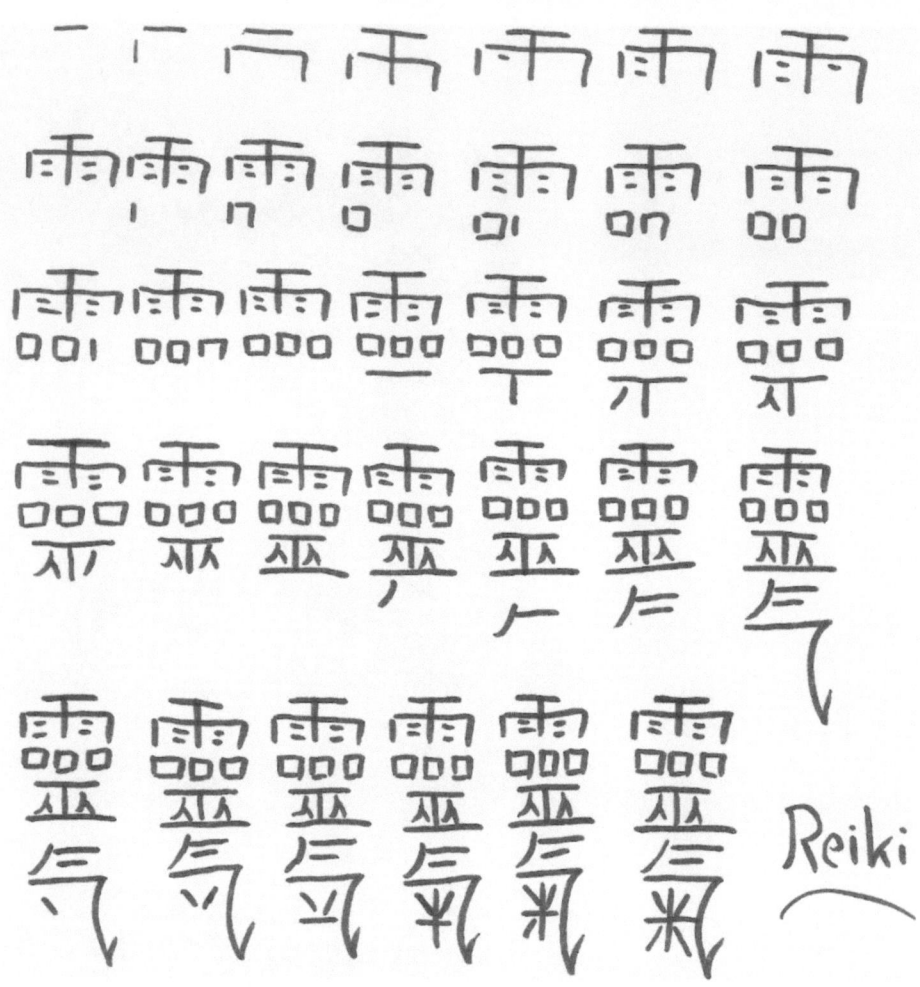

Atemmeditation: Nimm Dir fünf Minuten Zeit und probiere folgende Technik. Einatmend denke „Rei", ausatmend „Ki" – „Rei-ki"! Mit jedem Atemzug wird Dich Reiki durchfluten. Lass Dich von seiner wunderbaren Schwingung berühren.

Das gesamte Schriftzeichen *Rei* steht für „Seele" oder „Spiritueller Geist". Der oberste Teil des *Rei* bedeutet **„Regen"** - eine stilisierte Wolke mit vier Tropfen - vom Himmel gesegnetes Wasser bzw. der „gottgegebene Segen"	
Die drei Vierecke beschreiben jeweils das Wort „Mund" und stehen in dieser Schreibweise für die archetypischen Teilpersönlichkeiten „Inneres Kind" (Triebe und Bedürfnisse), „Mittleres Selbst" (Erfahrungs-Ich) und „Hohes Selbst" (der göttliche Funke in mir); Gesamtbedeutung: **„Gebet"**	
Das liegende „H" steht für **„Arbeit"**, die jeweiligen Spitzen neben der Achse kennzeichnen zwei **Menschen,** der unterste Strich im liegenden H bedeutet **Erde;** Menschen und Arbeit in dieser Kombination ergeben das Schriftzeichen für **Schamane** (ehrwürdiger Ausdruck eines Heilers).	

Eine Bedeutung ist also, dass der Schamane auf der Erde erscheint und betet, damit der Himmel den Menschen Regen im wortwörtlichen, aber auch im übertragenen Sinne in Form günstiger Ereignisse schenkt.

Das Schriftzeichen „*Ki*" besteht aus den Komponenten **„Energie"** (Dampf oder Wasserdampf der von gekochtem Reis ausgeht) ... (zugleich ist hier m. E. aber auch das Verbundensein verschriftlicht)	
... und einem **Bündel Reis** (als wichtigste Nahrungs- & Energiequelle der Japaner) (abgebildet ist gleichsam ein Mensch, der nach dem Höchsten strebt, der das Licht in sich trägt)	

Bedeutung: *„Das Reiskorn wird zu einer Pflanze, wenn die Energien von Mutter Erde und Vater Himmel vereint werden."* (vgl. Hosak u.a. 2006, S. 380 ff.)

Die Bedeutung des Reiki-Symbols aus meiner Sicht

Wenn bei unseren offenen Reiki-Treffen das Reiki-Symbol zur Sprache kommt, bin ich immer wieder erstaunt, wie wenig präsent dieses Symbol vielen auch langjährig praktizierenden „Reikianern" ist. Viele erkennen es nicht einmal als japanisches Kanji für Reiki und können kaum erahnen, welchen Wert/ welches Wissen es rund um diese wunderbare und ganzheitliche Methode der Selbst-erkenntnis/ der spirituellen Entwicklung und Heilung für uns birgt.

Das Reiki-Symbol ist für mich mehr als aneinander gefügte Striche. Für mich ist es lebendig, ein geschriebenes Abbild der Kraft, die wir Reiki nennen. Ich höre es zu mir sprechen, wenn ich nur vermag, dieser sanften, flüsternden Stimme zu lauschen.

Meines Erachtens, lehrt uns das Reiki-Symbol ...

➢ ... in die Stille zu gehen und innezuhalten, aus der Hektik des Alltags einen Moment auszusteigen. Das tut es allein schon dadurch, dass wir uns in seiner Betrachtung üben.

➢ ... zu verstehen, dass es um uns geht. Es geht nicht ohne uns! Wir sind ein Teil des Ganzen, vielleicht nur ein kleiner, doch aber wichtiger Aspekt des Einen. Wir sind der Heiler, der Schamane, derjenige, der die große Veränderung bewirken kann – es kommt auf uns an, hängt von jedem Einzelnen ab!

➢ ... Demut zu empfinden. Demut ist der Mut zum Dienen. Wir sind Diener des Lichts, Kanal zwischen Himmel und Erde.

➢ ... aktiv zu werden. Wir müssen lernen unseren „Schicksalsfaden" selbst in die Hand zu nehmen. Wir müssen aufwachen und uns klarmachen, dass wir nicht den Umständen die Schuld geben können. Es ist an der Zeit, für uns eintreten. Ich darf mich fragen: Was ist mir wichtig, was sinnhaft? Ich muss eine Entscheidung fällen, das Ziel vor Augen haben und dann aus tiefstem Herzen darum bitten (bzw. dafür danken)!

➢ ... unseren Weg zu finden und ihn aktiv zu beschreiten.

➢ ... in unserem Herzen zu verweilen, uns in unserer Ganzheit anzunehmen und dadurch mit jedem anderen Wesen verbunden zu fühlen.

➢ ... die kleinen Segnungen des Lebens (dargestellt als Regen) mit Dankbarkeit wahrzunehmen, anzunehmen und vermehrt in unser Leben zu rufen.

➢ ... kleine Gesten des Glücks wertzuschätzen: Die Reiki-Hände zum Beispiel, die sich bei jedem Treffen begrüßen und umarmen; die sich einfühlsam auf schmerzende Bereiche des Körpers und der Seele legen; die offen in die Welt hinaus leuchten und auch den Sturm willkommen heißen.

➢ ..., dass auch eine sanfte Kraft, wie Reiki, letzten Endes den steten Stein höhlt. Wir kommen nicht darum herum (so sehr, wie wir auch versuchen uns selbst zu vermeiden und zu blockieren) zu wachsen, zu reifen und am Ende unseres Weges steht ein liebevolles Herz.

Weitere Anregungen – was glaubst oder fühlst Du, wie es Dir im Alltag hilfreich sein kann?

➢ …

➢ …

➢ …

➢ …

➢ …

Übungen mit dem Reiki-Symbol (der Phantasie sind keine Grenzen gesetzt):

a) Male das Reiki-Symbol mit Tusche und Pinsel auf Leinwand – hänge das Bild in deinem Zimmer auf (vielleicht auch in einem Raum, der der energetischen Reinigung bedarf).

b) Setze dich vor dein Bild, werde still und blicke mit ganzem weichem Blick auf das Kunstwerk – was geschieht, in dir und um dich herum?

c) Zeichne das Reiki-Symbol unter eine Wasserkaraffe – so energetisierst du automatisch Dein Trinkwasser.

d) Das Reiki-Symbol kann auf Ostereier gemalt werden, mit Glasur den Geburtstagskuchen veredeln, als Spur in den frischen Schnee getreten oder mit Kachelresten als Mosaik an die Hauswand geklebt werden. Mit Lippenstift an den Spiegel gezeichnet, erinnert es dich schon früh morgens daran, dich mit Reiki zu verbinden und so gestärkt in den Tag zu gehen!

Wie möchtest Du mit dem Reiki-Symbol arbeiten/was umsetzen?

➢ ...

➢ ...

➢ ...

➢ ...

➢ ...

2. Die Legende des Usui Sensei

Dr. Usui wurde irgendwann in der Mitte des 19. Jahrhunderts geboren, genau wohl im Jahre 1864, heißt es. Usui Sensei hatte wohl eigentlich keinen Doktortitel, wurde jedoch von seinen Schülern „Sensei" bzw. „Meister" genannt, was in Japan u.a. eine ähnliche Bedeutung hatte. In den Legenden heißt es, er wäre Rektor einer christlichen Knabenschule gewesen und eines Tages von seinen Schülern gefragt worden, wie Jesus es denn vollbracht habe, mit seinen Händen zu heilen. Weil er diese Frage nicht beantworten konnte, legte er sein Schulamt nieder und beschloss, eben dieses Wunder zu ergründen. Zuerst führte der Weg ihn in die USA, wo er einen Universitätsabschluss in vergleichenden Religionswissenschaften erwarb. Später kam er zurück nach Japan und studierte in einen kleinen Tempel außerhalb Kyotos buddhistische Schriften. Nach mehreren Jahren intensiven Studiums fand er heraus, dass auch Buddha heilte – der langersehnte Schlüssel des Heilungs- und Erkenntnisweges!

Er begab sich zum Kurama Yama, dem heiligsten Berg Japans, und legte dort das Gelübde ab, einundzwanzig Tage und Nächte zu fasten, zu meditieren und zu beten. Nicht eher wolle er wieder hinabsteigen, bis er nicht das alte Wissen gefunden und erlebt habe; eher wolle er sterben als zu scheiern. So praktizierte er die alten Rituale auf der Suche nach Erleuchtung, doch nichts geschah. Erst am Morgen des 21.sten Tages, in der dunkelsten Stunde, sah Usui Sensei ein ungeheuer strahlendes Licht, das mit großer Geschwindigkeit auf ihn zuschoss. Er beschloss es zu empfangen, ganz gleich, was geschähe. Es traf ihn mitten zwischen die Augenbrauen.

„Er hatte eine Vision und sah Millionen und Abermillionen bunter Blasen jeder Färbung und Schattierung. Zwischen den farbigen Blasen waren weiße Blasen, in denen sich goldene Schriftzeichen befanden. Jede der weißen Blasen kam heran und stand so lange vor ihm still, bis die Information in seinem Geist eingebrannt war. [Der Vorgang dauerte gefühlt mehrere Jahre und doch real nur Minuten – ein Zustand plötzlicher Erleuchtung und meditativen Erlebens!] Auf diese Weise wurde ihm Reiki geschenkt."
(Mc Fayden 2004, S. 9 f.)

Nachdem sein Ziel nun erreicht war, machte er sich am nächsten Tag auf den Weg zurück ins Tal, doch war ihm nach dem Fasten und dem langen Sitzen das Gehen schwer und ungewohnt. Bald stieß er sich eine Zehe an einem herumliegenden Stein. Oh, wie das schmerzte und blutete. Rasch legte er beide Hände auf die Wunde, der Schmerz verblasste in wenigen Atemzügen und auch die Blutung ebbte ab. „Ein Wunder!", dachte der Gesegnete und kam bald voller Freude ins Kloster, in welchem

der Abt, sein Freund, ihn bereits sehnlichst erwartete. De nämlich hatte arge Rückenschmerzen, die Usui Sensei ihm durch bloßes Handauflegen nahm.

Da berieten beide am nächsten Tage was mit dieser Gabe am besten zu tun sei. Sie schlossen, dass Usui Sensei als Heiler seinen Dienst in einen nah gelegenen Armenviertel antreten solle, weil dort die Menschen seine Hilfe dringend nötig hätten. Anfangs ging Usui Sensei im Armenviertel tagsüber mit einer brennenden Fackel umher, was die Leute verwunderte. Wenn ihn jemand fragte, warum er am heller-lichten Tage mit Licht umherwandle, antwortete er: „Ich sehe hier nur tiefe Dunkelheit. Wenn du aber etwas über das Licht erfahren möchtest, komm heute Abend gerne zu mir in die Lehre!"

Viele Leute kamen, die die Kunst des Handauflegens lernten, sich selbst ausheilen, das Armenviertel verlassen und infolgedessen ihren alten Platz in der Gesellschaft wieder annehmen konnten. Nach einiger Zeit bemerkte Usui Sensei verwundert, dass manch ein mit Reiki Geheilter, wieder im Armenviertel strandete. Wie er diejenigen Personen fragte, wie das käme, konnte er die Antwort kaum fassen: „Dort draußen in der Welt ist alles so schwierig. Hier fühlen wir uns wohler, hier gibt es nichts zu tun und andere kümmern sich darum, dass es uns gutgeht. Wir bekommen essen, einen Schlafplatz und werden ärztlich behandelt."

Dies hatte Usui Sensei nicht erwartet: Menschen, die befähigt sind, ihr Glück selbst zu schieden und es dennoch nicht tun. Er grübelte viele Tage, denn diese Ansichten und solch einen Lebenswandel konnte er nicht gutheißen, weshalb er von diesem Tag an, der Lehre des Reiki zwei Aspekte hinzufügte:

... **die fünf Lebensregeln**, die dem Geist „Nahrung" bieten und die Grundlage dafür sind, geistiges Fehlverhalten zu verstehen,
... sowie, dass jeder, der fortan Reiki erlernen wollte, als Wertschätzung für die Gabe, selbst etwas geben musste!" (nach Klatt 2005, S. 8 f.)

Zitat von Meister Usui (vgl. Yamaguchi 2006, S. 62):

Der heilige Zweck des Reiki ist es, *„den Menschen zu helfen, ein friedliches und glückliches Leben in physischer und psychischer Gesundheit zu führen und das Glück der Leute in ihrem Umfeld zu vergrößern, indem man sie von ihren gesundheitlichen Beschwerden heilt. [...]*

Reiki heilt dabei nicht nur Krankheiten des physischen Körpers, sondern auch Beschwerden mit psychologischem Hintergrund wie Traumata. Auch weniger schwere psychologische Symptome wie Schüchternheit, Unentschlossenheit, Nervosität etc. können geheilt werden.

Wenn diese Probleme behoben sind, findet man in sich selbst den Geisteszustand von Buddha oder Gott und wird frei, andere zu heilen. So macht man sich selbst und andere glücklich."

3. „Gokai" - Die Lebensregeln

(in unterschiedlichen Interpretationen)

Zu Zeiten Meister Mikao Usuis war es üblich, intuitiv zu behandeln. Seiner Meinung entsprach es ebenfalls, sich von Regeln freizumachen, wenn sie eher behinderten, als förderlich zu sein. Regeln (z.B. geführte Techniken, wie die Gassho - Meditation, vgl. Kapitel 9.2. e) sind also als Hilfestellung zu verstehen. So auch die Lebensregeln. Sie helfen mir ein moralisches Leben zu führen, das meinem spirituellen Wachstum, meinem liebevollen Herzen und dem inneren Frieden förderlich ist. Usui Sensei selbst bezeichnet die Arbeit mit den „Gokai", als die „Geheime Methode das Glück einzuladen" und als „Spirituelles Heilmittel unzähliger Krankheiten für Seele & Geist":

kyo dake wa	*gerade heute*
ikaru-na	*ärgere dich nicht*
shinpai suna	*sorge dich nicht*
kansha shite	*sei dankbar*
gyo o hageme	*arbeite hart*
hito-ni shinsetsu-ni	*sei freundlich zu anderen*

(nach Hayashi Sensei)

Gerade heute, versuche nicht perfekt zu sein,
aber übe dich darin, jeden Tag etwas besser zu leben als den Vorherigen …
und gib gerade heute diesem Tag die Chance,
der schönste deines Lebens zu werden!

Lebe ich mein Leben nach moralisch-ethischen Prinzipien, dann gehe ich den heilsamen Pfad, der mein Herz gleichmütig stimmt. Verlasse ich diesen Weg, auch nur für einige Minuten unachtsamen Handelns, dann sähe ich Unruhe in mir. Die innere Unruhe hat dann die Chance, stürmische Wellen von Schuldgefühlen, Ärger und Sorgen aufzuwerfen und mich selbst in Gefangenschaft Energie-senkender Gedanken zu begeben, wie: „Wenn ich nur nicht so gehandelt hätte, wäre alles anders gekommen! Wenn das herauskommt ...! Was habe ich nur getan?"

Meditation dient mir zum „Im-Zaum-halten" meines Egos, dient mir in der Beziehung zu mir selbst. Die Lebensregeln dienen mir in der Beziehung zu meiner Umwelt! Die japanische Sprache lässt immer eine Vielzahl von Übersetzungs- & Deutungsmöglichkeiten zu – keine ist wahrer oder richtiger als die andere und du selbst entschließt am Ende, nach welcher Prämisse du leben möchtest, sprich: was deine Lebensmaxime sind. – Ich möchte dich auf den nachfolgenden Seiten dazu er-mutigen, dir ein eigenes Bild von den Lebensregeln zu machen und in die unter-schiedlichen Dimensionen der Lebensregeln einzutauchen – viel Spaß – Gassho!

Usui Sensei empfahl folgende Methode mit den Reiki-Lebensregeln zu arbeiten:

asayu gassho shite - kokoro ni nenji

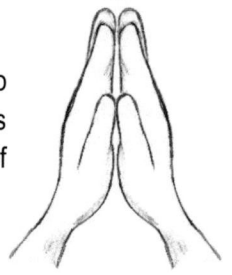

➢ „Lege deine Handflächen morgens und abends in Gassho zusammen und bringe deinen Geist ins Hier & Jetzt! Lass beide Hände vor dem Herzen verschmelzen & spüre tief hinein in die Verbundenheit von Herz & Geist"

kuchi tonaeyo

➢ „Rezitiere die Lebensregeln laut oder im Geiste!"

Diese Technik wird im esoterischen Buddhismus auch als das Anwenden der „Drei Geheimnisse" bezeichnet: Körper (Mudra), Rede (Mantra) & Geist (Visua-lisierung: ausrichtender Gedanke), soll Körper & Geist gesunden lassen.

3.1. Kyo dake wa - „Gerade heute, ..."

- Diverse Übersetzungen: *„Nur heute"; „Allein heute!"*
- Betonung und Gewahrsein des Hier & Jetzt, des wundervollen Moments!
- Das gestern und morgen interessiert nicht, nur der Moment ist wichtig – für die persönliche Entwicklung und für das spirituelle Erwachen!
- Nur dieses beständige, achtsame Handeln kann das Herz verwandeln („Innere Alchemie") und ganzheitliche Heilung herbeiführen!
- Würde es heißen: „Sei nie ärgerlich!", wäre ich von vornherein entmutigt, welche Bürde, aber „Gerade heute ..." – das ist machbar! ☺

<u>- Eigene Gedanken:</u>
_____

_____

_____

_____

_____

3.2 Ikaru na - „ ... ärgere dich nicht"

Diverse Übersetzungen: *„Tu das nicht!"; „Sei frei von Ärger!"; „Sei glücklich & voller Freude!"; „Sei im inneren Frieden!"; „Sei in deiner Mitte!"*

- **GEDANKEN:** Es gibt keinen Grund, Ärger in sich zu tragen. Entweder kann ich etwas beeinflussen, dann sollte ich es ändern. Ärger raubt mir die dafür notwendige Energie. Und wenn ich etwas nicht verändern kann, ich keinen Einfluss auf eine Situation habe, brauche ich mich auch nicht zu ärgern, dann kann ich die Situation nur akzeptieren. Ärger ist dann nur ein zweites Übel. – **Selbsterfahrung:** *Einmal hat sich meine Partnerin Manu sehr über ihren eigenen Ärger geärgert. Etwas grummelte in ihr, was sie zur Weißglut brachte, denn schließlich kannte sie ja jene Lebensregel und meinte, als ausgebildete Glückstrainerin, damit gefälligst zurechtkommen zu müssen. „Wenn ich das nicht hinkriege, passiert noch was Schlimmes heute!", war so eine Vorahnung, die sich tatsächlich erfüllte („Sich-selbst-erfüllende-Prophezeiung"), rutschten wir doch am Ende von einem Felsen, um mit allerhand Blessuren zu erfahren, wie umfassend schmerzhaft es sich äußert, wenn Ärger freien Lauf bekommt!*
- Gut zu wissen: Ein Mensch der anderen Wesen Schaden zufügt, macht das aus zweierlei möglichen Gründen: Entweder weiß er nicht, dass das, was er tut unheilsam ist und Leiden mehrt oder aber er leidet selbst an einem Mangel an Liebe und Freude! Ich habe mit diesem Wissen die Chance, zu vergeben und der Person, die mir weh tat, Liebe und Weisheit zu wünschen! Anstatt mit Ärger zu reagieren, entwickle ich also Mitgefühl (Metta), was mein Karma abbaut!
- Ärger entsteht, wenn sich meine Gedanken in der Vergangenheit verirren! Verletzung, wenn ich mich mit einem Selbstbild (Ego) identifiziere und ein anderer Mensch dieses in Frage stellt. Ursächlich können ebenso unerfüllbare Erwartungen sein! Glücklich sein hingegen, kann ich nur im Moment. Am besten fange ich sofort damit an, in meiner Mitte zu bleiben! ☺
- Es hilft, zu reflektieren, welche Situationen/Gegebenheiten Ärger In mir aufsteigen lassen? Welche Bilder steigen aus der Vergangenheit in mir auf? Was sind die wahren Ursachen/Hintergründe meines Ärgers?
- Mein Lieblingszitat von Walter Lübeck (Reiki Convention 2013) ist diesbezüglich: *„Erkenne die Komik an jeder Situation. Das Leben ist ein Scherz – das kann Gott nicht ernst gemeint haben!"*

Für viele Reikianer sind die Lebensregeln erstaunlicherweise scheinbar nur fades Beiwerk. Natürlich, man kann sie chanten, Teil des Reiki-Treffens werden lassen, aber wo spielen sie wirklich im Alltag eine tragende Rolle?

Gestern hatte ich wieder so ein Augen-öffnendes Lebensregeln-Erlebnis. Vor einem Vortragsabend war ich noch in der touristenüberfluteten Harz-Metropole Wernigerode. Die „bunte Stadt" am Harz war gerammelt voll, obschon die Götter ihren Segen recht üppig auf die Welt niedergehen ließen und ich selbst nach 5 Minuten klatschnass feststellen musste, dass es richtig, kein schlechtes Wetter, sondern nur „schlechte" Kleidung gibt! Für diese unangepasste Klei-dung aber hatte ich mich dummerweise entschieden und nun die Wahl, mir ent-weder ein neues T-Shirt zu kaufen, oder gut gewässert den Vortrag zu halten.

Im Bekleidungsgeschäft erntete ich von der Bedienung halb abfällige Blicke, die erst aufhellten und offensichtlich in Mitleid umschwangen, als ich gut gelaunt: „Einen sonnigen guten Abend" wünschte. – Direkt nach mir kam ein jüngerer Mann in den Laden gestapft, die Bedienung sagte „Guten Abend", er schwieg. Sie sagte ein zweites Mal, etwas bestimmter „Guuuten Aabend", er beachtet sie mit keinem Wimpernschlag. Mürrisch schaute die Bedienung zu ihrer Kollegin und patzte: „Menschen gibt's, nicht mal grüßen können die. Hab' so die Schnauze voll, von den arroganten Touristen, die keine Manieren mehr haben." – Eine weitere Person kam in den Laden und ging schnurstracks auf den „Manierlosen" zu. Wieder grüßten die Bedienungen mit „Guten Abend", in einem Tonfall aber der mein T-Shirt trockenblies. Auch hier keine Antwort der Touristen. „Ich sag's dir", hetzte die Bedienung, „wär' das mein Laden, würd' ich achtkantig jeden rausschmeißen, der nicht mal grüßen kann. > Tschüßßß, da ist die Tür! <"

Aus dem Augenwinkel sah ich, wie der zweite Passant den ersten auf die Schultern tippte, worauf der sich umwandte und mit lächelnden Augen nickte. Der zweite zeigte auf den Ausgang. Draußen schien eine Gruppe zu warten, die in den Laden hineinlächelte, winkte und mit den Fingern irgendetwas zeigte. Das war wie Theater: Der scheinbar „Manierlose" erhob seine Hände und er-klärte in Gebärdensprache, dass er noch etwas suche. Die Passanten draußen antworteten ebenfalls in freundlichen Gebärden „Ist okay, lass dir Zeit!"

Während die Bedienungen sich noch immer über die unfreundlichen Gäste echauffierten, tippte ich einer der Damen freundlich auf die Schultern und verwies vorsichtig auf die scheinbar Taubstummen. Zuerst guckte sie wie Fünf-Tage-alter-Wackelpudding, dann aber erhellten sich ihre Züge, worauf sie sich mit der flachen Hand an die Stirn klatschte. Jetzt bemerkte auch die Kollegin, dass man völlig zu Unrecht aufgedreht war. Ich sag's dir: Das ist echtes Kino, zu beobachten, wie aller Ärger, der oftmals so leicht in uns hochschwappt, von der einen auf die andere Sekunde verpufft ... allein durch unsere Entscheidung!

Der „Manierlose" hatte scheinbar gefunden was er wollte und stand zufrieden lächelnd an der Kasse. Seine Augen leuchteten und erhellten den regendunklen Tag. Das spürte offenbar auch die Bedienung, die sich ans Herz fasste und ihm wortlos einen wunderschönen Abend wünschte. Das verstand er offenbar, denn seine Augen funkelten „Ebenso!" zurück.

„Gott", dachte ich mir, „wie leicht verurteilen wir doch manchmal das Verhalten unseres Gegenübers, ohne uns in sie hineinversetzen zu wollen oder zu können!!! Wahrlich, es braucht eine Menge Achtsamkeit, Stress und Ärger in mir wahrzunehmen und nicht jedem X-beliebigem an die Stirn zu pusten.
„Kyo dake wa – ikaru na – Gerade heute ärgere ich mich nicht!"

Eigene Gedanken:

3.3. Shinpaï suna - „Gerade heute, sorge dich nicht"

Diverse Übersetzungen: *„Hab keine Angst!"; „Sei nicht beunruhigt!"; „Sei voller Zuversicht!"; „Vertraue dem Leben!"; „Genieße den Augenblick!"; „Sei reinen Herzens & klaren Geistes!"*

- **GEDANKEN:** Sorgen entstehen, wenn ich meinem Verstand erlaube, in die Zukunft zu springen, resultierend aus den Erfahrungen der Vergangenheit. Das „Gerade heute", bringt mich in diesen Moment zurück!

- Zumeist sind Sorgen illusionär, sie skizzieren den schlechtesten Fall in schwärzesten Farben – sind wahre Energieräuber! Wenn ich ihnen zu viel Aufmerksamkeit schenke, laufe ich Gefahr, wie eben gelesen, eine „Sich-selbst-erfüllende-Prophezeiung" zu nähren: Ich werde krank, weil ich glaube, dass ich krank werde. Wenn ich dann krank bin, sehe ich mich bestätigt! Was ich denke und fühle, hat die Tendenz sich zu verwirklichen.

- Zuversicht und Vertrauen, sind natürliche Gegenspieler der Sorgen. Meine Aufgabe ist es, mich fallen zu lassen, innerlich rein zu waschen, ganz leer zu werden! „Ich übergebe mein Leben der göttlichen Ordnung!"

- Sorge ist eine Form der Angst (Ausdruck von Mangel) und damit auch Gegner der Liebe. Angst nimmt mir die Kraft zu lieben. Reiki ist Liebe!!!

- Gänzlich ohne Ärger und Sorgen zu leben, kann nur ein erleuchtetes Wesen. Es ist meines Erachtens zu viel verlangt, diesen Emotionen niemals Raum zu geben, gefährlich sogar, sie zu verdrängen!!! Als erstes muss ich die Samen von Ärger und Sorgen in mir wahrnehmen – sie sind ein wichtiges Signal und tragen eine Botschaft für mich in sich. In mir wahrnehmen, heißt auch, dass ich sie nicht durch äußere Gegebenheiten hervorgerufen betrachte. - Ärger und Sorgen liegen immer in mir selbst begründet! Äußere Widrigkeiten sind m.E. nur Spiegel und erlauben meinen Emotionen, sich in voller Kraft zu zeigen. Dadurch habe ich die Möglichkeit, sie mir anzuschauen, ihnen liebevoll zu begegnen, ihnen Raum zu geben, sich heilsam zu entfalten Indem ich ihnen einen positiven Ausdruck, z.B. indem ich sie reframe, das Gute im Schlechten sehen bzw. ihren Sinn verstehen lerne, lasse ich sie heraus, heile sie aus, womit mir oder anderen kein Schaden entsteht!). - So übernehme ich Verantwortung für mich und meine Bedürfnisse!

Exkurs Ein Teufelskreislauf mit dem sorgenschweren Kopf**

Meine liebste Lieblingssorge ist Geldknappheit. ☺ Warum: Weil in meiner Familie solcherlei Not stets Thema war. Immer war die Frage, wie wir die Rechnungen bezahlen sollen. Obwohl wir immer viel arbeiteten, reichte es vorne und hinten nicht. Mein Verstand lernte, diesbezüglich sehr in Unruhe zu sein. – Nach vielen Jahren habe mir, meine Sorgenumnebelten-Mangelgedanken weitestgehend abtrainiert. Um der Geldnot nicht noch einmal begegnen zu müssen, habe ich mir sichere Standbeine geschaffen: Ich arbeitete als Sozialpädagoge auf Teilzeitbasis, vermiete eine Ferienwohnung, gebe Wanderungen und Workshops und verkaufe meine Sagenbücher. Absolut „safe", dachte ich, aber dann kam … Corona!

Meine Teilzeit-Sozialpädagogenstelle wurde kurzerhand weiter geteilt und Kurzarbeit genannt, selbstredend mit einem tüchtigen Verdienstausfall. Die Ferienwohnung stand leer, schließlich durfte niemand verreisen. Damit brachen auch die Workshops, wie all die Gruppenwanderungen weg. Buchverkauf? Pustekuchen! Meine Bücher werden von Touristen gekauft – die gab es nicht …! Außerdem: wer kauft und liest Bücher, „wenn wir doch alle an Corona sterben?" „Wenigstens habe ich noch die therapeutischen Wanderungen an der Paracelsus-Harzklinik!" – Die haben sich in den letzten zehn Jahren zu einer verlässlichen und lukrativen Einnahmequelle entwickelt. Ich war mir ganz sicher: Wenigstens die Klinikgäste müssen weiterhin an der frischen Luft spazieren gehen, um gesund zu werden. Das läuft weiter, zumindest in Kleingruppe. Falsch gedacht! Ein Anruf der Leitung zog mir den Boden weg. Von jetzt auf gleich waren alle Geldhähne abgedreht!

Früher zogen in ähnlichen, aber weit weniger gravierenden Fällen immer gleich dunkelschwarze Wolken in meinem Kleinhirn auf. Nebelverhangen sogen sie die Lebensfreude aus mir heraus, so dass ich am Ende, halb depressiv, bloß noch auf triste, graue Wände starrte. Diesmal nicht. Diesmal ging ich nach dem Anruf kurzerhand in den Wald, setzte mich an eine dicke Buche, bat um Reiki, legte mir die Hände auf und ließ es fließen. Die Sonnenstrahlen fielen durchs Blätterdach und mit ihnen ein Gedanke: „Sag mal Carsten, dieser eine große Auftrag, für den nie Zeit war, weil du immer in Wanderungen und Workshops gebunden bist …!" Jetzt hatte ich Zeit, jede Menge sogar. Reiki schenkte mir die Zuversicht und zeigte mir lächelnd eine neue Tür, die sich immer erst öffnet, wenn sich eine alte schließt! Wir kamen spielend durch die wirre Zeit, sogar ohne diesen einen großen Auftrag!

Eigene Gedanken:

_____

_____

_____

_____

_____

_____

Übung für sorgenvolle Stunden (vgl. Petter 2009, S. 77):

- Mach dir eine Liste mit deinen „liebsten" Problemen – all den Dingen, über die du dich am meisten aufregst und dich sorgst – schreibe alles auf:

Meine liebsten Probleme:

_____

_____

_____

_____

_____

> Dann nimm dir einen Spiegel, ziehe Grimassen und strecke deine Muskeln. Nimm dich für fünf Minuten „selbst auf den Arm"!
> Die nächsten fünf Minuten sei Beobachter deines Herzens, lass all die Dinge zu, die aufsteigen möchten – lache, weine, schreie, atme hörbar aus!
> Dann sei weitere fünf Minuten still und lass die Übung nachwirken.
> (Wenn du magst, spüre der entstehenden Leere nach und erfülle dich anschließend mit Reiki!)

3.4. Kansha shite - „Sei dankbar (für die vielen Segnungen)"

Diverse Übersetzungen: *„Ehre deine Eltern, Lehrer und die Älteren!"*

- Ich bin oft undankbar, wenn etwas nicht meinen Erwartungen entspricht. Dabei vergesse ich nur zu leicht in einer groben Selbstverständlichkeit, welche Werte/ Dinge mir täglich das Leben erleichtern und bereichern!

- Bitte und Danke erhalten das natürliche Gleichgewicht beim „Geben und Nehmen": „Gerade heute bin ich dankbar, dass Reiki fließt! Danke, dass ich ein reiner Kanal bin! Bitte heile mich auf allen Ebenen!"

- Alles, was geschieht hat einen Sinn/ Grund. Nichts geschieht zufällig. Ich bin dankbar, auch wenn ich die göttliche Segnung hinter der Heraus-forderung noch nicht überblicke! Danke ..., auch für meinen Schmerz!

- Ich vergebe und danke auch meinen Eltern. Liebe ist die Kraft, die heilt!

- Ich danke meinen Lehrern. Da jeder Mensch gleichzeitig des Anderen Lehrer und Schüler ist, begegne ich jedem mit einem inneren „Gassho"!

- Jeden Abend, erinnere ich mir die kleinen Wunder des Tages!

- Eine fantastische Übung, um sich aus negativen Gefühlen und Gedanken – interessant: im Wort Gedanken steckt das „Danken" – herauszu-katapultieren ist das „Gewahrwerden der kleinen Freuden" oder dem „Zelebrieren der Dankbarkeit": Schreib' in dieser Übung alle Dinge auf, für die du dankbar bist. Höre nicht auf, bevor du 20 Punkte hast!

„What the f.., ... ich meine: Wie bitte???" wird da manch einer leise denken oder spontan in die Welt rausschreien. Wie sollte man dankbar für Mobbing sein? Und wirklich, ich begebe mich in diesem Post auf Glatteis und will nur von meinen eigenen Erfahrungen erzählen: Mobbing begleitete mich mein Leben lang, seitdem ich denken kann. Ich war immer etwas anders, passte nirgendwo wirklich dazu, hatte schon immer meine ganz eigene Sichtweise auf die Welt. Damals litt ich daran, verfluchte oft genug die Welt und haderte mit dem schweren Schicksal ...!

Das war einmal. Und auch du – wenn du das Thema Mobbing kennst – kannst dich entscheiden, aus diesem Kreislauf – von sich schlechtfühlen > darum schlecht gemacht werden bzw. sich schlecht machen lassen > sich noch schlechter fühlen > am Ende gefühlt das Buh-Schaf der Nation zu sein – endgültig aussteigen. Wie? Mir gelang es nach und nach durch einen Sinneswandel ... ausgelöst freilich durch Reiki und jede Menge schmerzhafter Selbsterfahrung. Reiki hat mich wacher gemacht, stärker, hat mich wieder angebunden, verwurzelt, wenn ich im freien Flug in dunkle Tiefen war. ... doch nun zur aktuellen Geschichte:

Ich oute mich jetzt einmal: I c h   b i n   u n g e i m p f t! Noch immer und bleibe es! Das hat in den letzten sieben Monaten zu erheblichen Diskrepanzen mit meiner Leitung im Anstellungsverhältnis geführt. Plötzlich war ich als langjähriger Sozial-pädagoge in meiner Firma mit allerhand Einschneidungen konfrontiert: Aus heite-rem Himmel wurde ich versetzt, sollte mein Büro abgeben, mein Diensthandy, mein Computer. Ich bekam einen befristeten Arbeitsplatz, verbunden mit Lohnabzug; ich durfte die Arbeitsstätte nicht mehr betreten, sollte vorm Tor warten, bis man mein Corona-Testzertifikat kontrollierte (das ich mir als anerkannte Teststelle des Gesundheitsamtes selbst ausstellen durfte) – manchmal stand ich eine kleine Ewigkeit dort in der Kälte, während meine geimpften Kollegen und Klienten lächelnd an mir vorbeigingen. Vor drei Wochen dann der letzte Clou: Versetzung in einen entfernteren Standort, was für mich bedeuten würde, eine Stunde mehr Fahrtzeit pro Tag bei weiteren finanziellen Einbußen hinzunehmen ...!

Vor Jahren wäre es mir mit all dem wirklich miserabel gegangen. Ich hätte gelitten und mich gefragt: Warum ich? Womit habe ich das verdient? – Heute frage ich: Wofür ist das alles gut???

Immer wieder mache ich die Erfahrung, dass uns das Leben nur lehren möchte. Es gibt eine Lehre nach der anderen und, wenn ich die vorherige Lehre nicht kapieren und partout an den Umständen festhalten will, dann werden die Lehren eben deutlicher! 😉 Ich erinnere mich gerne an meinen Reiki-Meister (Freund & zugleich Professor an der Uni), der mir sagte: „Carsten, die Menschheit unterteilt sich in zwei Gruppen: das eine sind deine Freunde; das andere deine Lehrer!" – Gerade heute möchte ich also dankbar sein, für dass, was mir die Welt (als Spiegelbild meiner Seele) mitteilen will. Ich möchte neugierig und lernbereit sein, wie ein kleines Kind, das nach dem Fallen immer wieder aufsteht und sogar Freude an Purzelbäumen hat.

Was ist die Lehre nun in meinem Fall: Seit langem arbeite ich nur Teilzeit als Sozialpädagoge und bin nebenberuflich selbständig. Genauso lang, bin ich genervt davon, dass ich meine Buchprojekte z.B. nicht schneller umsetzen kann, weil ich mich ja als Sozialpädagoge verdingen muss. „Wirklich, musst du das?", fragte mich vor Monaten ein Freund, als dieses Impf-Debakel fühlbare Konsequenzen bekam. „Mmh, muss ich das denn überhaupt?", fragte ich mich wochenlang und kam zum Schluss: „Ähm, nöö!" – Ich blieb als sicherheitsliebender Mensch viel länger im Angestelltenverhältnis, als es mir eigentlich guttat – eben weil man ja abgesichert ist. Eigentlich war schon lange klar: diese Arbeit brauche ich nicht mehr für mich, will ich auch nicht mehr. Hätte ich deshalb von alleine gekündigt??? N E I N !!! Meine Seele musste also Umstände kreieren, die für mich dermaßen untragbar sind, dass ich gar keine andere Wahl mehr habe, als entweder ganz in die Selbständigkeit zu gehen … oder sang- und klanglos zu ertrinken. Danke, liebes Universum, dass du so deutlich warst! 😊

Nun beginnt also eine neue Zeit, ganz ohne ein Anstellungsverhältnis! Ab heute stürze ich mich nur noch in Projekte, die ich liebe; mache, was mich begeistert! Bei zwei Firmen, die ich anrief, bekam ich prompt zwei Zusagen (interessante und lukrative Dozentenstellen. Und jetzt kommts: Ich arbeite weniger, bei mehr Gehalt! – Gerade heute bin ich also dankbar, ganz gleich für welche Segnung, die mir begegnet, weil ganz ehrlich: manchmal hab' ich keinen Plan, wohin mich meine Seele geleitet. Ich weiß nur: Wehre ich mich, gegen das was kommt, verkrampfe ich, dann verliere ich den Boden unter meinen Füßen, zweifle und lass' mich erdrücken von bleischweren Sorgen. Dankbarkeit ist diesbezüglich mein Allheilmittel. Gerade heute also bin ich dankbar und frisch verliebt in diese verrückte Welt!

Eigene Gedanken:

_____

_____

_____

_____

_____

_____

_____

_____

_____

_____

_____

_____

_____

„Wäre das Wort ‚Danke' das einzige Gebet,

das du je sprichst, so würde es genügen."

(Meister Eckhart)

„Soll ich denn etwa auch für die Schicksalsschläge dankbar sein???"

3.5. Gyo o hageme - „Arbeite hart (an dir)!"

- Übersetzungen: *„Gib dir Mühe mit dem Karma!"; „Widme dich dem Studium!"; „Sei fleißig!"; „Widme dich bedeutungsvollen Handlungen!"; „Verdiene deinen Lebensunterhalt mit ehrlicher Arbeit!"; „Diene gut (dir und damit deinem Nächsten)!"*
- Die Arbeit der Selbstreflexion und der spirituellen Entwicklung verlangt ernsthafte Bemühung, spielerische Freude, Aufmerksamkeit und Hingabe, Liebe und Geduld! Ich arbeite an mir, z. B. mittels Reiki und Meditation!
- Der Buddhismus spricht im „Achtgliedrigen Pfad", der als Weg der Heilung bekannt ist, vom „rechten Lebenserwerb", einer Arbeit, die dem Wohle aller Wesen dient, bzw. sie zumindest nicht schädigt! Ich lebe und arbeite aufrichtig!
- Mein Beruf sollte meine Spiritualität fördern. Eine halbe Stunde Meditation am Abend/ in der Freizeit ist schön und gut, aber nichts im Vergleich zu dem achtstündigen Arbeitsalltag, den ich auch achtsam erleben darf. Im achtsamen Handeln kann auch Arbeit spielerisch, entspannend und erfüllend sein!
- Innere Arbeit (z. B. auch am Karma) heißt, dass ich mich täglich in den „Kampf" mit meinem inneren Schweinehund werfe, wobei ich darauf achte, dass es weder Kampf noch Zwang wird. Es darf ruhig „Spiel" bleiben, frei und leicht sein, was mir hilft, den Weg in Liebe zu gehen, alte Gewohnheiten zur rechten Zeit abzulegen!
- Mein Arbeiten darf einer natürlichen Harmonie folgen, die frei von Gier und Egostreben ist! Mein Geist wird still, wenn ich meine Wünsche/Bedürfnisse reduziere und einer Tätigkeit nachgehe, die wertvoll (friedvoll; Liebe & Vereinigung fördernd) ist, für mich und meine Mitmenschen. Dann diene ich dem großen Ganzen!

Eigene Gedanken:

_____

_____

_____

_____

_____

Der Abend *(Waka-Gedicht des Meiji-Kaisers)*
Sinkt die Sonne mehr und mehr, steigt mein Bedauern
über den Tag den ich untätig vergehen ließ

3.6. Hito ni shinsetsu ni - „Sei gut zu allen Wesen."

- Diverse Übersetzungen: *„Sei freundlich zu den Nachbarn!"; „Sei wohlwollend gegenüber der Seele!"; „Wünsche allen Wesen Liebe & Weisheit!"; „Sei gütig zu den Menschen!"*
- Zuallererst bin ich gut zu mir selbst und „sorge" mich um mich!
- Liebe deinen Nächsten, wie dich selbst! Nur wenn ich mich selbst liebe, kann ich wahrhaftig Liebe ausstrahlen. Was ich säe, werde ich ernten!
- Ich respektiere alle Wesen, bin mir unserer Verbundenheit bewusst!
- „Der göttliche Funken in Mir, grüßt den göttlichen Funken in Dir!"
- „Das Praktizieren von Reiki verringert die Distanz zwischen Menschen, so dass soziale Ungerechtigkeit inakzeptabel wird." (Furomoto 2005, S.12)

Eigene Gedanken:

_____

_____

_____

_____

_____

_____

_____

Josefin Kiehne (7 Jahre): „Wir können helfen, also tun wir's!"

Exkurs: „Gutsein zu Fremden" oder „Wann beginnt der Tag?"

Es lebten einmal am Harzrand zwei junge Schäfer. Gut befreundet gerieten sie doch eines Tages aneinander und stritten sich „auf Teufel komm raus" um die Frage, wann denn der Tag beginnen würde. Der eine meinte, der Tag wäre geboren, wenn man einen Eichbaum von einer Linde unterscheiden könne! Der andere aber war der Ansicht, der Tag bräche an, wenn man erkennen würde das dieses ein Schaf und jenes ein Hund sei. – Da sie nicht überein kamen gingen sie zum alten Bergmann in Suderode, von dem jeder sagte er wäre gescheiter als Himmel und Erde zusammen. Nacheinander verkündete ihm ein jeder nun seine Meinung. Er lächelte nur und sprach: „Nichts von beidem! Der Tag ist gekommen, wenn ihr in die Augen eines Fremden blickt und darin euren Bruder oder eure Schwester erkennt! Bis es soweit ist, ist noch tiefe Dunkelheit!"

Meine Arbeit mit den Lebensregeln

Im Laufe meiner Praxis hat sich die Arbeit mit den Lebensregeln immer wieder verändert. Zum Anfang nahmen sie fast keinen Raum ein – so viele andere Dinge im Reiki-System schienen bemerkenswerter zu sein. Nach und nach entdeckte ich sie aber für mich und war von ihrer Vielschichtigkeit beeindruckt. Ich begann zu ahnen, dass in ihnen ein tiefes Wissen schlummert – eine Idee, wie Reiki in meinem Leben nicht nur Technik oder Meditation sein, sondern wie ich *Reiki leben* kann.

Die Frage, ob sie mich in meinem Leben einengen, kam eigentlich nicht in mir auf, schon eher der Gedanke daran, ob die Formulierungen noch zeitgemäß wären. Ich konstruierte also eigene Lebensregeln, ganz im Sinne von Affirmationen die ja positiv formuliert sein sollten:

> ➢ aus „ärgere dich nicht" wurde: „sei glücklich in dir"
> ➢ aus „sorge dich nicht" wurde: „sei zuversichtlich"
> ➢ aus „arbeite hart" wurde: „gib dein Bestes"

Da ich mich öfter als Poet versuchte, hörten sich die Lebensregeln etwa wie folgt an:

Gerade heute strahle ich glücklich, bin magisch erfüllt von Liebe und Licht. Gerade heute, halt' ich dankbar an mich, bin verbunden voll' reiner Zuversicht. Aufrichtig arbeite ich still an mir, auf das ich den Moment achtsam lebe. Ich ehre stets das Göttliche in Dir, und wünsche uns Weisheit und Liebe.

Immer mehr wurden die Lebensregeln so zu einem Gelübde, einem täglichen Gebet und zugleich Meditationspraxis. Dabei gibt es, meines Erachtens, einen wichtigen Unterschied von einem Gelübde und einer Regel/einem Gebot. Dieser *„Unterschied zwischen Gebot und Gelübde* ist (...) *der, dass jedes von außen auferlegte Gebot uns ein Stück Freiheit nimmt und uns damit auch unserer Freiheit zur eigenen Entscheidung beraubt. Jedes aus eigenem Antrieb geleistete Gelübde wird uns hingegen neue geistige und spirituelle Kraft zuführen, weil es uns in unserer inneren Überzeugung und damit unserer inneren Freiheit bestärkt.“* (Horan 2005, S. 55)   - Heute praktiziere ich die Lebensregeln wieder in der Ursprungsfassung von Usui Sensei. Sie erinnern mich im Alltag daran, dass es eine höhere Geschichte neben den alltäglichen Widrigkeiten gibt; sie erinnern mich, bei mir mit der persönlichen und spirituellen Wandlungsarbeit zu beginnen.

Übung - Einladung des Geistes

Reiki lädt dich also ein, dich mit dir selbst auseinander zu setzen, deine Wünsche und Sehnsüchte zu erkennen und zielgerichtet deinen individuellen Weg zu gehen! Die Lebensregeln sind dabei Ideen von Meister Usui, einen heilsamen, spirituellen Lebenspfad zu beschreiten. Vielleicht decken sich die Themen und Formulierungen aber nicht mit deinen Prinzipien. Die folgende Übung hilft dir, Klarheit zu gewinnen:

- Gehe in die Natur und lass dich von deiner Intuition leiten. An irgendeiner Schwelle bleibe stehen, verbinde dich mit Reiki, indem du die Hände vorm Herzen ins Gassho bringst und sprichst: „Bitte Reiki, fließe in mir!“. Dann führe die Hände vors Dritte Auge und bitte: „Reiki hilf mir, meinen Lebenssinn zu sehen, meinen Weg zu gehen!“ (oder nutze eigene Worte, die besser passen) Dann übertritt die Schwelle, lass dich von deinem Gefühl leiten und sei achtsamer Beobachter, von allem was dir auf deinem Weg begegnet. Für was stehen deine Eindrücke? Formuliere daraus deine ganz eigenen Lebensregeln!

Nach welchen Regeln möchte Ich leben, welche Prinzipien täglich rezitieren?

-
-
-

Altar auf der Reiki-Convention

(mit Fotos von Hayashi Sensei (links) & Usui Sensei (rechts))

4. Übertragungslinie

Mikao Usui Sensei (1846-1926)

Chujiro Hayashi Sensei (1878-1940)

Hawayo Takata Sensei (1900-1980)

Mary McFadyen

Dierk Trempler

Carsten Kiehne

... und hier kommst du!

5. „Gyosei" - die Waka-Gedichte des Meiji-Kaisers

Usui Sensei nutzte diese Gedichte bei Reiki-Treffen, um den Schüler das Essentielle am Sein zu verdeutlichen, um Heilung zu fokussieren. Von den 125, stelle ich hier 11 Gedichte vor, euch zum Nachsinnen & Einfühlen einzuladen:

*Hellblau und wolkenlos
der große Himmel
auch ich
hätte gerne
einen solchen Geist.*

*Verstehe das Leben
indem du einen Stein siehst
vom Regen ausgehöhlt
halte nicht an der Illusion
der Unveränderlichkeit fest.*

*Es gibt
so viel Schuld
in der Welt
kümmere dich nicht
so sehr darum.*

*Anstatt viel Medizin
zu kaufen
pflege lieber
beständig
deinen Körper.*

*Obwohl das Gras nicht
allzu vielversprechend aussieht
könntest du darin dennoch
Heilkräuter finden
wenn du gut hinschaust.*

*Du solltest es wissen
von der Art
wie die Kinder lernen
je mehr du übst
desto besser wirst du.*

*Streng dich an
wenn es schwer scheint
ist es möglich
jedes Ziel der Welt
zu erreichen.*

*Die eine geht schneller
die andere langsamer
alle Uhren
haben verschiedene Größen
und verschiedene Zeiger.*

*Das Herz des Kindes:
Zu schade
eines Tages
vergessen wir vollkommen
unsere eigene Unschuld.*

*Befindest du dich
auf dem richtigen Weg
kann dir keine Gefahr
der Welt
etwas antun.*

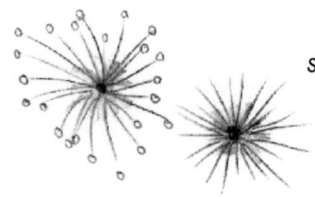

*Mehr und mehr
sollte ich mich selbst polieren
und der anderen
klar scheinendes Herz
als Spiegel nutzen.*

6. Einweihung und Reinigungsphase
6.1. Exkurs: Krankheit und Gesundsein

Krankheit macht Sinn: Die Schulmedizin versucht Krankheit zu beenden und Leiden zu lindern, indem sie die Symptome der Störung durch medikamentöse, ergo- physo- oder psychotherapeutische Therapien bekämpft. Sie geht also die vermeint-lichen physischen Ursachen an, vergisst dabei jedoch häufig nach dem „Warum?", der Bedeutung der Erkrankung zu fragen. (vgl. Abend 2007, S. 9 ff.)

Bei vielen Menschen bemerke ich sehr oft diesen Drang, dem Leiden entfliehen und die Störung am besten umgehend loswerden zu wollen. Sie bestärken damit das schulmedizinische System und geben ihre Verantwortung an der Erkrankung ab. Zudem nehmen sie sich die Möglichkeit selbst kontrollierend und bestimmend auf ihr Leben einzuwirken und die Zusammenhänge zwischen Körper-Geist-Seele-Umfeld bei der Entwicklung einer etwaigen Krankheit zu verstehen. Sie glauben vom Schicksal gequält und gepeinigt zu werden, durchschauen aber selten, das eigene Zutun und hinterfragen nicht die Bedeutung der Symptomatik an der sie leiden: „Was will mir mein Körper, meine Seele sagen?" (z.B. in einem Dialog mit dem Symptom; vgl. Stevens 1993, S.89) Sie scheuen sich davor, ihrer inneren Leere in die Augen zu schauen und selbst aufzubrechen, ihre bisherigen Lebens-gewohnheiten in Frage zu stellen. „Krankheiten entstehen jedoch, wenn die Seele keinen anderen Ausdruck findet und der Körper in einem etwaigen Ungleich-gewicht ist, wenn unnatürliche Bedingungen (z.B. falsche Ernährungs-, Bewe-gungs-, Lebensgewohnheiten; Über- oder Unterforderung; Noxen) den Organis-mus aus seiner natürlichen Homöostase bewegen. (vgl. Dahlke 2000, S.20 ff., Kuby 2006, S.143) „Krankheit ist [insofern] eine Botschaft des Körpers und eine freundliche Bitte, diese Störung zu beseitigen, damit er dann ganz von selbst wieder heilen kann. [...] Es kommt nicht darauf an, die Krankheit oder das Symptom aufzulösen, sondern das unnatürliche Fehlverhalten aufzugeben, das die Krankheit ausgelöst und notwendig gemacht hat." (Tepperwein 2005, S.12)

Krankheiten können als „Zwangsbelehrung" helfen, Erfahrungen zu machen und zur Entwicklung beizutragen, denn viele Menschen haben es verlernt, neutrale Gefühle ihres Organismus wahrzunehmen, sich Warnzeichen der Seele bewusst zu machen und aus Einsicht heraus zu handeln." (Kiehne 2007, S.24 f.)

Krankheit bietet mir also die Möglichkeit meinen bisherigen Lebensweg zu überprüfen und lädt damit zur Selbstentwicklung, zur Selbstreflexion ein. Thema dieser inneren Reflexion sollte es ebenso sein, dass ich nach dem primären und sekundären Krankheitsgewinn (Reduktion psychischer Spannung, Abgabe von Verantwortung, Erhalt liebevoller Zuwendung oder Umsorgung etc.) frage. „Ergeben sich noch weitere Vorteile aus meiner beeinträchtigten Handlungs- und Leistungsfähigkeit?" (vgl. Jung 2006, S.224) Tepperwein (vgl. 2005, S.31) bezeichnet hauptsächlich Stress, mangelnde Psychohygiene, Vernachlässigung physischer Bedürfnisse, dem Aussetzen des Organismus mit schädlichen Umwelteinflüssen und der mangelnden Lebensfreude als krankheitsbedingende Faktoren. „Die eigentliche Krankheit ist [dabei] nur das letzte Glied einer langen Kette von Unwissenheit, falschem Bewusstsein und daraus resultierendem falschem Verhalten." (zit. ebd., S.34)

Dass der Körper partiell erkranken kann ist selbstverständlich. Dass mein Geist, sprich Verstand und Emotionalität, während meiner Lebensjahre eventuell tief verletzt wird und somit einer kurz- oder langfristigen Störung unterliegt, ist ebenso absolut vertretbar. Aber, wie bitte, kann meine Seele, die ja (meines Erachtens) Ausdruck der göttlichen Verbundenheit ist und sich damit im Zustand der tiefsten Ordnung, eines umfassenden Gleichgewichts befindet, erkranken oder generell gestört sein? Die einzige Störung ist die, dass wir (vor allem in den „Erste-Welt-Ländern" lebenden Menschen) uns von allem getrennt wähnen, dass wir uns selbst vor lauter Betriebsamkeit und unnatürlicher Lebensweise kaum mehr spüren und aufgrund dessen unser Potential massiv verkennen. Wir machen uns weit kleiner, als wir sind und geben nur zu gerne die Verantwortung für das von uns geschaffene Leiden ab. Und zugleich bedienen wir uns nur im Mindestmaß an den uns zur Verfügung stehenden Ressourcen unseres Geistes und unserer Intuition.

Ich bin fest davon überzeugt, unsere Seele erfreut sich stets bestem „Gesundsein". Und gerade deswegen kann das Ich als Gesamtheit nicht krank sein. Erkrankt ist immer nur ein Teil des Ganzen. Ein Ausspruch, wie: „Ich bin krank!", ist demnach nicht nur nicht richtig, sondern lähmt die Selbstheilungs-kräfte des Organismus und lässt erkennen, welchen Kontakt der überzeugte Kranke mit seinem wahren Selbst genießt!

Was meint „Gesundheit & Gesundsein"? „Gesundheit" meint den Zustand des vollständigen körperlichen, geistigen und sozialen Wohlbefindens und nicht nur die Abwesenheit von Krankheit – so lautet zumindest die „gebräuchliche" (jedoch meines Erachtens nicht zu gebrauchende) Definition der Weltgesundheitsorganisation (WHO). Ebendiese Erklärung bietet zwar Vorteil einer ganzheitlichen Sicht, jedoch auch die Nachteile Gesundheit als statischen Wert zu betrachten (Ich kann also entweder ausschließlich gesund oder absolut krank sein – Zwischenräume werden vernachlässigt.) und dessen Bedingung mit „vollkommenen Wohlbefinden" in Unerreichbarkeit anzulegen. (vgl. Becker 2006, S.14 ff.)

Waller (2002) führt andere Gesundheitsdefinitionen an:

- „Gesundheit ist das geordnete Zusammenspiel normaler Funktionsabläufe und des normalen Stoffwechsels (Büchner)
- Gesundheit ist die Fähigkeit lieben und arbeiten zu können (Freud)
- Gesundheit heißt, man muss sich wohlfühlen, sich frei bewegen können, guten Appetit haben, normal in seinen Funktionen sein und daher keinen Arzt aufsuchen müssen (Gandhi)"
- „Das ist der natürliche Zustand ihres Körpers." (Tepperwein 2005, S.18)

Die Liste an möglichen Definitionen ließe sich ohne Umstände endlos weiterführen. Viel wichtiger ist für mich ohnehin, wie ich diesen Terminus deute (solche, als subjektive Gesundheitsmodelle bezeichnet, werden von Faltermaier u. a. 1998 ausführlich diskutiert), weil davon u. a. abhängt, wie viel Einflussmöglichkeit ich mir auf meine Gesundheit selbst einräume. Kann ich sie beeinflussen, und wenn ja, was für Ressourcen und Kompetenzen stehen mir zur Verfügung, um gesundheitsbewusst zu leben, mir die Gesundheit zu erhalten, sie zu verbessern oder wiederherzustellen? Dahlke (2000) und Tepperwein (2005) beantworten die Frage nach den salutogenen (gesundheitsfördernden) Faktoren mit dem Aufstellen von verschieden „Säulen" der Gesundheit: Bewegung, Ernährung, Entspannung und Schlaf, Bewusstsein (gegenwartsorientiertes, positives Denken; Spiritualität etc.) und ein heilsames Umfeld (hygienisch; frei von Giften; sozial und materiell förderlich).

Von Gesundheit differenziere ich zudem den Begriff des „Gesundseins". „Gesundsein ist mehr als „nur" Gesundheit, die oft mit einem „Fehlen von Krankheit" beschrieben wird und von neutraler Emotion besetzt (erst bei Mangel bewusst) ist. Gesundsein ist Lebensfreude, ein Überschuss an Energie, ein Liebesgeständnis an die Welt, frei von Bedingungen und Erwartungen. Gesundsein ist ein „glückliches, vibrierendes, überschäumendes Leben an ihrem schlechtesten Tag." (Patch Adams 2007) Das Bewusstsein (die Seele) ist vollkommen gesund, auch wenn der Körper oder der Geist eine Schwäche bzw. Krankheit zeigt. (vgl. Tepperwein 2005, S.19 f.) So unerreichbar wie dieses klingt, ist es meines Erachtens doch ganz einfach: Das Bewusstsein ist gesund, wenn ich glücklich bin. Glücklich sein kann ich nur in diesem Moment. Nur wenn ich glücklich bin, kann ich andere glücklich machen, und jenes ist demnach auch ausschließlich im Augenblick und durch das Sein im Hier und Jetzt möglich. Im Hier und Jetzt, in Verstandesstille kann ich in meinem wahren Selbst, meiner Seele begegnen. (vgl. Miethe, S. 249) Obwohl es so simpel scheint, können/ wollen leider nur die wenigsten Menschen, anderen ein solches Vorbild sein und auf dem Weg zur eigenen Entfaltung wirkend unterstützen. Mit amputierten Beinen kann ich dem Gegenüber nicht das Gehen beibringen, wohl aber kann ich in meiner Situation Glück empfinden, dieses ausdrücken, und ihm damit Hoffnung spenden. Die Arbeit am Gesundsein bedeutet Hinwendung zum Heilsamen. Eine ganzheitliche Reinigungsphase unterstützt den Prozess zum Gesundwerden und des Gesundseins!

6.2. 21 Tage Reinigungsphase unter meiner Mitarbeit

➢ Der Prozess erfordert meine Disziplin & meinen Ernst!
➢ Ich bin für mein Leben und die Geschehnisse selbst verantwortlich!
➢ Ich bin mir bewusst, dass mangelnde Mitarbeit ein Zeichen geringem Wachstumswillen und eine vergebene Chance ist!

Um den Reinigungsprozess wirkungsvoll zu unterstützen, empfahl mein Lehrer Dierk Trempler, zumindest während der Einweihungszeit folgende Reiki-Rituale in meinen Alltag zu integrieren/ Gegebenheiten zu akzeptieren:

- Ich gebe mir täglich <u>eine Stunde Reiki</u>!
- Ich schütze meine Aura!
- Ich führe täglich Tagebuch, auch Traumtagebuch!
- Ich nehme an allen Seminar- & Meditationstagen teil!
- Um 22 Uhr bin ich im Bett und lösche das Licht (ruhen/schlafen) In der Gewissheit: *An mir wird gearbeitet!*
- Ich trinke möglichst viel Wasser!
- Meine Ernährung ist leicht!
- Ich meide äußere Ablenkungen, der Prozess geht nach innen!
- Ich treffe in den 21 Tagen keine existenziellen Entscheidungen!

6.3. Vertrag zum Reinigungsritual

Ich, _____, verspreche, mich an die oben genannten Kriterien, zu meinem Wohle und Wachstum zu halten und mir die Chance von _____

_____

_____ zu ermöglichen!

_____   _____   _____
(meine Unterschrift)   (Datum & Ort)   (Unterschrift Zeuge)

Erfahrungsbericht einer Selbstvereitelung:

Warum gebe ich mir an manchen Tagen kein Reiki, obschon es mir offensichtlich guttun würde? Es scheint fast so, als würde ich mein Weiterkommen, den Prozess meiner Gesundung absichtlich hinauszögern oder sogar gänzlich vereiteln!? Wie ist es vereinbar, dass ich einerseits die Symptome meiner Erkrankung „loswerden" möchte (so viel dagegen tue) und andererseits mich so wenig um mich kümmere!? Das fragst du dich auch? Dann komm mit, auf eine kleine Selbsterfahrungsreise:

„Ich schrieb es dir immer und immer wieder und ich spüre die Traurigkeit in mir, wenn ich sehe, dass davon so wenig zu dir durchdringt?", schrieb mir mein Lehrer und Freund als Antwort auf die wohl stetig gleichen Fragen von mir. Ich meinte jedoch, er hätte sie unbeantwortet gelassen. „Oops, ich sollte wohl die Briefe mehrerer Jahre noch einmal lesen – mir die Zeit für mich nehmen - ja, das tu ich, heute noch ...!", dachte ich mir. „ ... gleich nach diesem Film – den wollt' ich schon immer mal sehen!" - Was soll ich dir sagen: Ich schlief dabei ein. (Ich kann mich wunderbar im Alltag selbst ermüden lassen, wenn ich mich (unter-bewusst) dazu entscheide, viel Kraft dafür aufzuwenden, etwas nicht sehen oder bemerken zu wollen!)

Gegen 22.30 Uhr erwachte ich auf der Couch zu neuem Leben. So, jetzt an die Briefe ... wow, da lief ein Film, von dem ich schon so viel gehört habe. (Fragt mich bitte nicht, welcher es war - ich habe keinen blassen Schimmer!) Den muss ich sehen! Das altbekannte Spiel: Ich schlief dabei ein. Endlich weckte mich wohl mein schlechtes Gewissen. Die stets wachen Zeiger der Uhr verrieten mir hohnlachend: 1 Uhr in der Nacht! Nun endlich, nahm mir vor die Briefe zu lesen. Nein, ich würde mich nicht eher schlafen legen, als bis ich die Antwort auf meine Frage erhalten hätte. So ging ich beschwingt mit frischer Motivation hinüber in den Meditationsraum und ... stimmt, ich hatte heute noch nicht meine Mails gecheckt – also: Computer an ... 24 neue Mails. Ganz Dringende und Wichtige waren dabei – quasi die mit höchster Priorität. Ich machte mir einen Kaffee und war davon überzeugt, viel abzuhaken! ☺ Gegen 2 Uhr war die Arbeit vollendet! Jetzt doch die Briefe – und endlich spürte ich, wie ich dieses Vorhaben mit allen Mitteln hinauszögerte und schwor meinem Verstand, dass ich meine Antwort erhalten würde - sollte es auch die ganze Nacht andauern. - „Die ganze Nacht, willst du beschäftigt sein?", fragte mich verschmitzt flüsternd meine graue Gehirnsubstanz und grübelte schon schweißtreibend, was sie sich denn für neue, essentielle Aufgaben für mich einfallen lassen könnte.

Ja, mein Verstand hatte etwas gefunden - fast hörte ich ihn mich auslachen: Denn da saß ich schon mit den Briefen auf dem Boden des Meditationsraumes, hatte den Ordner bereits aufgeschlagen und war drauf und dran „loszulesen", … da bemerkte ich verblüfft, wie dreckig doch der Teppich sei, wie viele Spinnweben die Wände verzierten - das müsse erledigt werden, umgehend. (Sicher kannst du dies wirklich dringende Anliegen nachvollziehen?!) Ich ging, … aber nicht um den Besen zu holen. Ich nahm mir den selbstgemachten Holunderblütenlikör, das Geschenk einer guten Freundin, und ein kleines Gläschen. Dann setzte ich mich wieder auf meinen verschmutzten Teppich, schenkte mir ein und überzeugte meinen Dickschädel davon, mich nicht mehr von der Stelle zu bewegen, bis meine Aufgabe vollbracht wäre. Ich würde jeden einzelnen Brief lesen, bis die darin enthaltene Antwort in meinen Geist wie ein Blitz einschlagen und endlich Wurzeln treiben würde!"

Ich las und las und wunderte mich mit jeder Zeile mehr und mehr. Waren das dieselben Briefe, die ich früher durchgearbeitet hatte? Jeden Brief meines Lehrers, durchwälze ich, wenn ich ihn erstmalig in den Händen halte, mehrere Male und nun, … nun sehe ich Absätze schwarz auf weiß, die niemals zuvor an mein Augenlicht und in mein Bewusstsein drangen – unglaublich! – Nun weiß ich, dass wenn ich nicht meditiere, mir kein Reiki gebe, obschon es mich beleben würde, dass ich mal wieder nichts sehen möchte. Ich möchte einen Teil von mir nicht bemerken, der gerne achtsam wahrgenommen werden würde. Umso dringender dieser Aspekt in den Vordergrund treten will, umso tiefgreifender er mein Leben verändern würde, umso essentieller er ist, desto mehr neige ich wohl dazu, mich zu vermeiden. Manchmal will ich mir nichts Gutes tun, will bewusst nicht an meiner Bewusstwerdung arbeiten, würde sich doch damit mein Leben und meine Lebensweise erheblich verändern!

Würde ich bewusster durch den Alltag gehen, die Komfortzone meiner kleinen, liebgewonnen Gewohnheiten überschreiten, … ich müsste dadurch klarer sehen und mit neuer Perspektive erkennen, dass die Welt andere Farbschattierungen aufweist, als ich ihr bisher zugeschrieben habe. Ich müsste mich entscheiden, mich weniger vom Denken leiten zu lassen und mehr mit meinem Herzen durchschauen zu wollen. Oh, dann würde ich spüren, dass Selbsterkenntnis, bei aller Liebe, nicht immer Spaß macht! Aber, ich würde mich in meiner Ganzheit erkennen wollen und irgendwann auch meine Schmerzen lieben. Will ich das wirklich ??? … Ja, ich will !!!

7. Die Drei Säulen des Reiki:
Eigen- oder Fremdbehandlung

1. **Äußere Vorbedingungen schaffen:** Störquellen abschalten: Klingel, Telefon etc.; gemütlichen Raum/Ort zum Wohlfühlen einrichten: Altar, Kerze, Yogamatte, Decke u. a.; bequeme Kleidung anziehen; Meditationsmusik anstellen!?

2. **Innere Vorbedingungen:** ruhige Gemütsverfassung, keine Termine, nicht im hungrigen oder vollgegessenen Zustand, nicht unter Einfluss von Aufputsch- oder Beruhigungsmitteln; Ablegen von störender Bekleidung (Gürtel, Ringen und Ketten, sowie allen metallischen Gegenständen)

3. **Mentale Vorbereitung** (des zu Behandelnden): auf evtl. Erstverschlimmerungen hinweisen (Aufbrechen alter Muster); offene Fragen klären; absprechen, wie die Behandlung geplant ist, an welchen Körperpositionen die Hände aufgelegt werden bzw. an welchen Stellen es der Person unangenehm ist

4. **Einstimmung & Anwendung**

   ➢ Hände waschen
   ➢ Qi-Gong-Übungen (auf- & abstreichen vor dem Körper)
   ➢ Äußere Reinigung:

   „KENYOKU HO" (Oberkörper 3x & Arme 3x abstreichen; vgl. Kapitel 9.2.)
   ➢ Innere Reinigung

7.1. „GASSHO" - Die einstimmende, aktivierende Meditation

➢ Zur Beruhigung des Geistes: Lege deine Handflächen vor der Brust zusammen, atme durch dein Scheitelchakra ein und leite deinen Atem mit jedem Ausatemzug in deine Hände (vgl. Kapitel 9.2. (e))
➢ Variante: Bei Bedarf die Hände auf das Kronenchakra legen, in den Reiki-Energiefluss hinein spüren und den Körper von Reiki durchfluten lassen

7.2. „REIJI HO" - Das Reiki-Gebet

> Meint das „Reiki-Gebet", den „Hinweis für die Reiki-Kraft"!
> Um Reiki bitten, Hände im Gassho vor der Brust: „Bitte Reiki, fließe in mir! Bitte, lass mich ein reiner Kanal sein! Bitte Reiki, lass ... auf allen Ebenen des Seins gesund werden!"
> Hände im Gassho vor dem Dritten Auge: „Bitte Reiki, führe meine Hände dorthin, wo sie benötigt werden!" (Im Vertrauen, dass sie intuitiv wissen, wohin!)

WICHTIG: Das Reiji Ho" ist ein Gebet! Gebete entfalten erst ihre wahre Kraft, wenn die gesprochenen Worte vom Herzen kommen, wenn sie wirklich so gemeint sind!!! Wähle also deine eigenen Worte, passende Bitten zur Heilung!!!

7.3. „CHIRYO" - Behandlung

> **Aura abstreichen** (vgl. Kapitel 9.2.)
> Wenn nach dem Aura-Abstreichen noch nicht feststeht, an welcher Stelle ich meine Hände auflegen möchte, kann ich meine dominante Hand auf das Kronenchakra der Person legen und abwarten, ob sich ein Impuls einstellt, dem meine Hände folgen können.
> **Intuitives Handauflegen** (Wie fühlt sich die Aura an? Wie fühlt sich mein Körper an, wo spüre ich merkwürdige Symptome? Welche Körperregion habe ich im Sinn?) **oder Handpositionen**
> Aura aufstreichen (vgl. Kapitel 9.2.)

5. Verabschiedung

> Dem Behandelten **Zeit geben**, Reiki nachzuspüren.
> **Hände waschen** oder Ausstreichen; Energie an den Boden abgeben
> **Freundliche Worte** zur Verabschiedung

8. Handpositionen

8.1. Einige Tipps vor dem Start:

- Achte beim Reiki geben darauf, dass du **warme Hände** hast. Du kannst deine Hände einige Sekunden aneinander reiben oder einfach um Reiki bitten – nach kurzer Zeit werden die Hände von selbst warm!
- **Empfindliche Körperstellen** (schmerzende Bereiche oder erogene Zonen) brauchst du **nicht direkt berühren**, es reicht, wenn du deine Hände in ca. 5 cm Abstand zur behandelten Stelle hältst – die richtige Entfernung wirst du mit einiger Übung spüren können!
- Ansonsten solltest du, während der Behandlung mit mindestens einer Hand den **Kontakt zum Behandelten aufrecht halten** (Berührung)!
- Schau beim Reiki geben nicht fern und lenke dich nicht anderweitig ab – sei ganz beim Reikifluss, das wird die Kraft noch intensivieren. **Ein Tipp: Lass dein ganzes Herz, dein ganzes Sein in die Berührung einfließen!** Der behandelte wird den Unterschied deutlich spüren. (Stell dir zum Beispiel vor, dies wäre der wichtigste Mensch/ Augenblick deines Lebens. (Usui 2007, S.21))
- Verbleibe auf jeder Position **3 – 5 Minuten!**
- **Nimm** bei der Behandlung sehr aktiv **Sinneseindrücke wahr**! Jedes Gefühl & jeder Gedanke kann wichtig für die Behandlung sein.
- Du kannst jede Sitzung als **Ganzbehandlung** oder aber **Akutbehandlungen** (Kopfpositionen und intuitiv wichtige Positionen) durchführen.

8.2. Ganzkörperbehandlung

1. **Position: Hände liegen rechts und links neben der Nase auf den Augen** (6. Chakra = drittes Auge; Stressregulation, Entspannung der Augen etc.)
2. **Hände bedecken die Schläfen** (Gehirnhälften werden ausgeglichen, Verbesserung der Konzentrations- & Lernfähigkeit)
3. **Hände bedecken die Ohren** (reflektorische Vorbereitung des gesamten Körpers über die Akupunkturpunkte des Körpers)
4. **Hände liegen auf dem Hinterkopf** (Normalisierung vieler unbewusster Körper- & Verstandesfunktionen; Regulierung Körpertemperatur)

5. **Hände decken die Halsvorderseite ab** (Schild- & Nebenschilddrüse, Stimmbänder, Kehlkopf, Regulation Blutdruck, Selbstausdruck = 5.Chakra)
6. **Hände liegen in einem T auf der Brust/Herzbereich** (Fähigkeit des sich selbst & andere Annehmens, Ja-sagens = 4.Chakra; Thymusdrüse, Lunge)
7. **Hände bedecken den Bauch der rechten Seite** (Leber, Galle, Magen, Verdauung & Entgiftung, Entschlackung)
8. **Hände bedecken den Bauch der linken Seite** (Milz, Bauchspeicheldrüse, absteigender Dickdarm, Magen)
9. **Hände bedecken ober- und unterhalb den Bauchnabel** (Hara & 3. Chakra, stärkt die Ich-Funktion; Magen, Solarplexus, Dickdarm)
10. **Hände liegen in einem V oberhalb des Schambeinbereiches** (Funktion des Annehmens, vitale Kraft und Lebensfreude, Verbundenheit =2. Chakra)

An dieser Stelle endet die urtümliche Ganzkörperbehandlung. Wenn gewollt, kannst du die Behandlung aber auch mit folgenden Rückenpositionen fortsetzen:

11. **Hände liegen waagerecht auf dem Nacken** (Themen: Ernährung (andere nähren, im übertragenen Sinne) & Verantwortung)
12. **Hände liegen auf den Schulterblättern** (Stärkung der Lungenfunktion: Annehmen & Abgeben; Herz & Herzchakra, Anregung des Gefühlsflusses)
13. **Hände liegen im Lendenwirbelsäulenbereich** (Nieren; 2.Chakra = unterdrückte Wut & Dauerstress; bei kalten Händen/Füßen verstärkt behandeln)
14. **Hände liegen in einem T auf dem Kreuzbein** (1. Chakra = Kraftwerk mit gewaltigem Energiepotential; Erdung; Kreuzbein; Bauch- & Beckenraum)
15. **Hände liegen in den Kniekehlen** (in großen Gelenken staut sich oft Energie; Minderwertigkeitsgefühl, Stolz, Arroganz, mangelnde Lebensbejahung)
16. **Hände umfassen die Knöchel** (freier Energiefluss & Erdung; Reflexzonen für Bauch- und Beckenbodenraum)
17. **Hände liegen auf den Fußsohlen** (Reflexzonen tur grundsätzlich alle oberen Körperregionen (Kopf, Hals, Niere); Erdung; Energieausgleich)

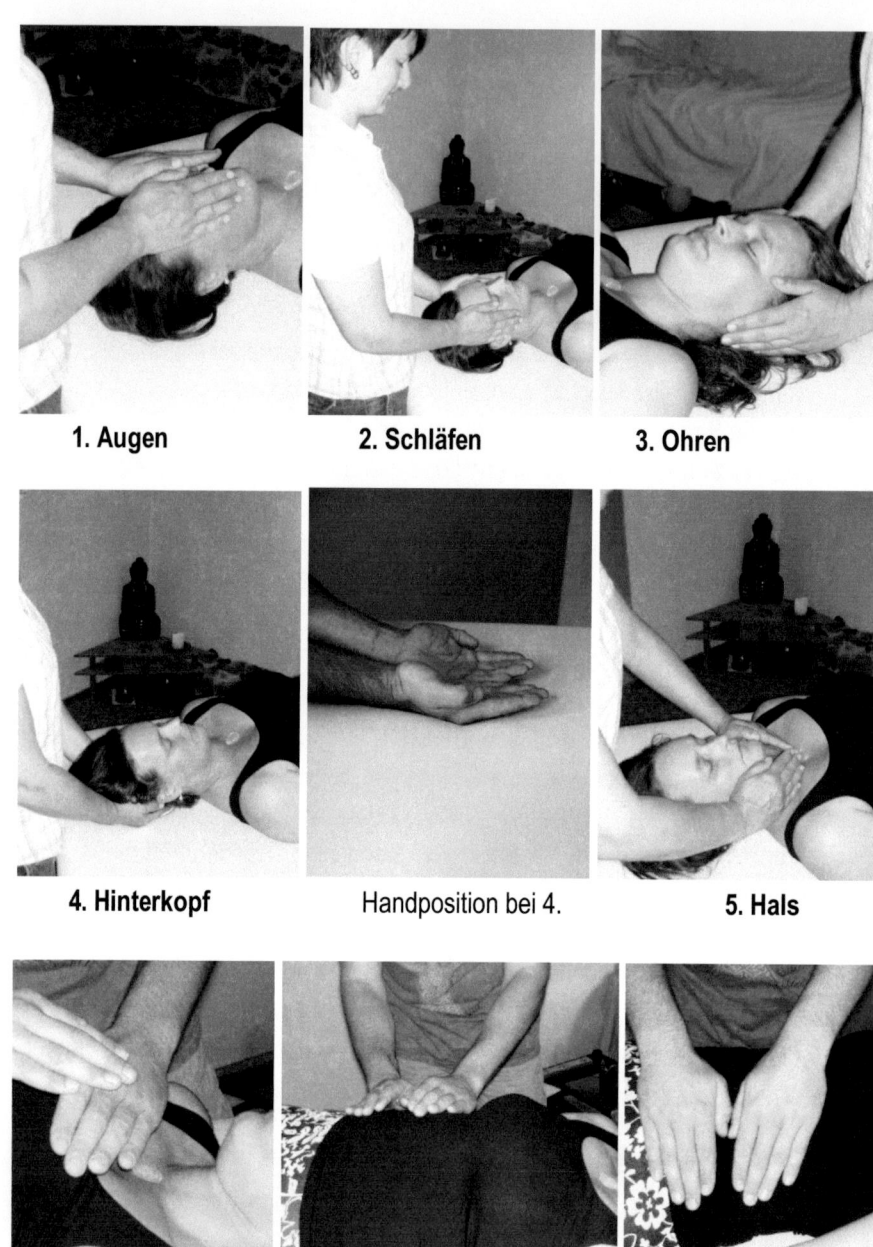

1. Augen   2. Schläfen   3. Ohren

4. Hinterkopf   Handposition bei 4.   5. Hals

6. Brust   7. Rechte Seite vom Bauch   8. Linke Seite vom Bauch

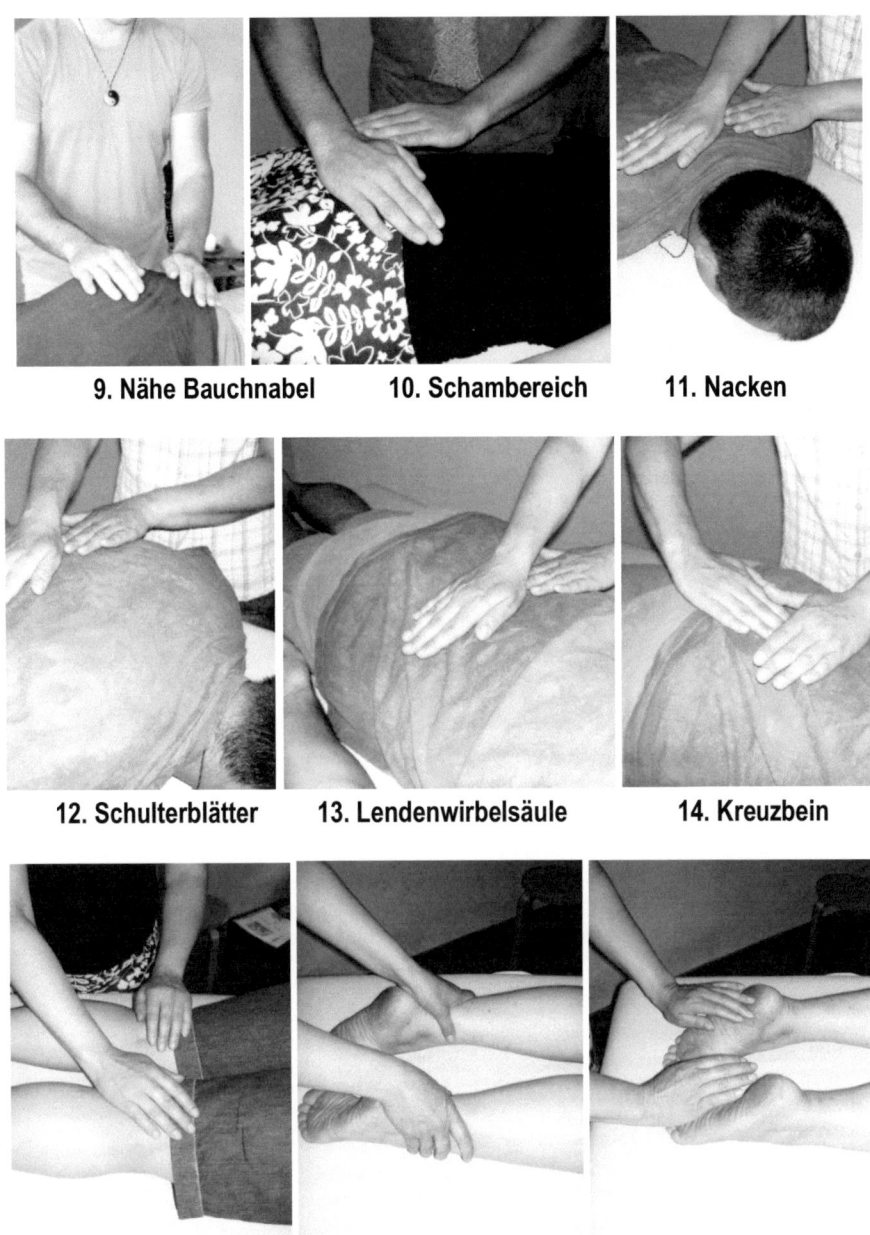

9. Nähe Bauchnabel   10. Schambereich   11. Nacken

12. Schulterblätter   13. Lendenwirbelsäule   14. Kreuzbein

15. Kniekehlen   16. Knöchel   17. Fußsohlen

Wenn du magst, nutze für deine Tagebucheintragungen folgende Tabelle:

Datum	
Wie fühle ich mich im Moment?	
	Was empfand ich während meiner Selbstbehandlung?
Kopfposition	Körperlich: Emotional: Geistig:
Vorder- position	Körperlich: Emotional: Geistig:
Rücken- position	Körperlich: Emotional: Geistig:
Was fiel mir leicht, was schwer?	
Was ist im Tages- verlauf Besonderes passiert?	
Welche inneren und äußeren Widerstände traten auf?	
	< Wann werde ich mir morgen Zeit für mich nehmen?

8.3. Sonderpositionen

Heutzutage gibt es eine Menge Literatur zum Thema Reiki & besondere Hand-positionen, zum Beispiel bei bestimmten Erkrankungen *(Lübeck: Das große Reiki-Heilbuch; Petter: Die Reiki-Techniken des Dr. Hayashi; Usui Sensei: Origional Reiki-Handbuch des Dr. Mikao Usui; Reiki Magazin 3/2007 uvm)* – lass dich von der Vielfalt aber nicht verunsichern. Wenn du dich selbst behandeln möchtest oder sich dir eine andere Person anvertraut, dann machst du mit einer Ganzkörperbehandlung alles richtig.

Wenn du dann mit Reiki etwas vertrauter wirst, spürst du ab einem bestimmten Grad der Erfahrung ganz intuitiv, wo deine Reiki-Hände, wie lange aufgelegt werden wollen & sollten. Bis es allerdings soweit ist, möchte ich dir einige Sonder-positionen vorstellen, die du anwenden kannst, wenn für eine Komplettbehandlung wenig Zeit ist:

➢ **Im akuten Fall** (Nasenbluten, Stress, Unfälle, Depression etc.): Harmoni-sierung auf der seelischen Ebene (stimmungsaufhellend, beruhigend, zentrierend) > *„Drittes Auge" & Solarplexus*

➢ **Niedriger Blutdruck** (& Krampfadern): Bringt Kreislauf in Schwung; Durchblutung der Beine > *Leistenbeuge*

➢ **Energieerneuerung:** Aufladung der „inneren Batterie" > *Hände oberhalb und unterhalb des Nabels (Sonnengeflecht)*

➢ **„Schmerztablette":** Bei emotionalem Schmerz > *Hände jeweils unter die Achselhöhle der jeweils anderen Seite*

➢ **Selbstwertgefühl:** Bei gefühltem Mangel des Selbstwertes **>** *Hände vorn & hinten am Solarplexus-Chakra*

➢ **„Liebevolle Power":** Kraft wird durch die bedingungslose Liebe „gezähmt" > *Solarplexus & Herz*

➢ **Kommunikation:** Bedingungslose Liebe nach außen bringen > *Herz- & Halschakra*

➢ **„Klarheit":** Nacken & Stirn oder **„Zentrierung":** *Hara & Scheitelchakra*

Gruppenbehandlung beim 5. Reiki -Wochenende (Oktober 2012)

8.4. Gruppenbehandlung - ein Behandlungsbeispiel

Für eine Gruppenbehandlung stellt sich ein Behandlungsleiter zur Verfügung, er gibt die zeitlichen Abläufe, den Beginn und die Verabschiedung vor. Gerade bei einer größeren Anzahl von behandelnden Personen reicht es aus, wenn er den Aura-Abstrich bzw. Aufstrich durchführt (vgl. Kapitel 9.2. e).

Vor der Behandlung erdet sich jeder Praktizierende gut (z.B. durch die Visualisierung von Wurzeln, die sich im Boden verankern), verbindet sich dann mit Reiki und bittet darum (während der Behandlungsleiter die Aura der zu behandelnden Person abstreicht), dass Reiki ihm mitteilt, wo die Hände aufgelegt werden sollen. Eine Mitteilung kann z.B. durch ein inneres Bild geschehen, eine plötzliche Eingebung oder physische Symptome, die im eigenen Körper spürbar werden (Unwohlsein, Schmerz usw.) und doch nur Abbild des Ungleichgewichts des zu Behandelnden sein können (vgl. Byosen: Kapitel 10). – Meist verändert sich das Gefühl, wenn ich meine Hände auf der jeweiligen Stelle der Person auflege und Reiki fließen lasse. Nach ca. 3-5 Minuten kann ich die Handposition intuitiv verändern und einen anderen Körperbereich bedienen. Bei der Behandlung ist es wichtig wachsam bzw. ein guter

Beobachter zu sein. Worauf sollte ich mein Augenmerk legen, wenn ich andere mit Reiki beschenke?

➢ Spüre ich etwas in meinen Händen (evtl. den Reikifluss als Wärme, den Byosen (Kribbeln, Schmerz)?

➢ Sehe ich innere Bilder, die evtl. etwas mit der Person zu tun haben könnten, die da vor mir liegt?

➢ Was passiert in meinem eigenen Körper? Nehme ich dort Symptome wahr und: Lassen diese Rückschlüsse zu, wo ich weiter behandeln sollte oder entstanden sie nur, weil ich vielleicht schief stehe, mich verspanne etc.!?

➢ Erschöpft mich die Behandlung oder gibt sie mir Kraft? Wenn ich müde werde, kann ich folgendes tun: Neu erden; mich neu mit Reiki verbinden; Praktizieren der Lichtatmung (vgl. Kapitel 9.2. f); versuchen ein reiner Kanal zu sein (absichtsloses Behandeln > nichts wollen; Gott bzw. Reiki vertrauen)

➢ Wenn ich nichts von alledem wahrnehme, gräme ich mich nicht, vielleicht habe ich noch wenig Erfahrung mit Reiki oder bin einfach gerade müde. Das ist ok – bei der nächsten Behandlung, kann ich dafür wieder neugierig sein! ☺

Hat der Behandlungsleiter das Gefühl, es ist genug Reiki geflossen, gibt er der Gruppe zu verstehen, dass jeder noch einige Momente lang all seine Aufmerksamkeit und Liebe in die Behandlung geben möge, um sich dann zu verabschieden. Zuletzt führt es den Aura-Energieaufstrich 1-3mal durch, verabschiedet sich dann wie alle anderen und bittet die behandelte Person langsam und in ihrem Tempo in den Raum zurückzukehren. Danach streicht er seine Hände ab (energetische Reinigung) & schenkt den Rest der Energie dem Boden!

Vorteile einer Gruppenbehandlung:

- Mal abgesehen davon, dass es der Himmel auf Erden ist ☺ ...
- wesentlich kürzere Behandlungszeiten: Eine Ganzkörperbehandlung dauert noch ca. 10-15 Minuten
  die zu behandelnde Person fühlt sich rundum geborgen/gebettet
- Verstärkung des energetischen Effekts: die Reiki-Kraft potenziert sich
- fördert gruppendynamische Prozesse: Vertrauensbildung, Anteilnahme, Einfühlungsvermögen

Exkurs: Chakren

1. **Wurzelchakra:** *(rot, riechen, Seinswille) Todes- & Lebensangst, Ja/Nein; Überleben & Suche nach Sicherheit; Orientierung: Körperempfindungen)*
2. **Sakralchakra:** *(orange, schmecken, Seinserhaltung) Genuss/Sexualität & Sinnlichkeit; Orientierung: Gefühle; Hürden: Angst, Ärger*
3. **Solarplexuschakra:** *(gelb, sehen, Seinsgestaltung) Macht, Anerkennung; Orientierung: Gedanken; Hürden: Zweifel & Verantwortung*
4. **Herzchakra:** *(hellgrün, rosa, fühlen, Seinshingabe) Bedingungslose Liebe, Fürsorge, Verantwortlichkeit, Respekt; Orientierung: Vision & Intuition, Empathie; Hürden: Einsamkeit-Alleinsein, Gegensätze vereinen*
5. **Kehlkopfchakra:** *(hellblau, hören, Seinsausdruck) Wissen, Einsicht, Lehrer sein, Kreativität, Kommunikation, Hellhören*
6. **Stirnchakra:** *(violett, übersinnliche Wahrnehmung, Seinserkenntnis) totale Klarheit, völlige Hingabe, Hellsehen*
7. **Kronenchakra:** *(weiß, golden, lila; Erkenntnis der Einheit, reines Sein) kosmisches bzw. göttliches Bewusstsein, Erleuchtung*

Übung „Chakren-Ausgleich"

Auch dann, wenn du die Chakren weder spürst noch ihre Abstrahlung siehst, kannst du sie energetisch mit Reiki ausgleichen, was unglaublich entspannend und zentrierend wirkt.

Lege dir dazu eine Hand aufs Wurzel- und die andere aufs Scheitelchakra. Lasse sie so lange liegen, bis sich die Empfindungen in beiden Händen ähnlich anfühlen und der Bereich optimal energetisiert ist. Gleiche ferner das 2. mit dem 6. und das 3. mit dem 5. Chakra aus. Zum Abschluss lasse deine Hände noch einige Minuten lang das Herzchakra auftanken. Du wirst spüren, was das für ein Genuss ist! ☺

Lichtatmung
(gezeichnet von
Hildegard Kiehne)

9. Meditation & Reiki-Methoden

9.1. Exkurs Meditation

„Meditative Stimmungen" sind jedem Menschen bekannt. Es sind die Zeit und Gedanken stillstehen lassenden kleinen Augenblicke, in denen ich irgendwie zufrieden und wunschlos glücklich bin. Manchmal sind es Augenblicke, die mir noch nach Jahren bewusst sind, die im Endeffekt mein Leben ausmachen – ein Sonnenaufgang, das Zirpen von Grillen am Abend, das Erklimmen eines Berggipfels.

Der Begriff Meditation beschreibt verschiedene Techniken, die mir helfen meinen Verstand im Hier und Jetzt zu fokussieren. Denn oftmals bin ich mir der Gegenwart kaum bewusst, wenn sich mein Verstand wieder und wieder erlaubt, mich aus Erinnerungen in Sorgen zu katapultieren, um mich aus der Zukunft alsbald in die Vergangenheit zurück zu befördern, ohne nur einen Bruchteil der Zeit im Moment zur Ruhe zu kommen und in Stille zu verweilen. „Im Kopf geht es zu, wie zur Hauptverkehrszeit: Da verkehren Gedanken, da verkehren Sehnsüchte, da verkehren Erinnerungen, da verkehren ehrgeizige Vorstellungen, es herrscht ein ständiger Verkehr! Tagein, tagaus. Selbst wenn du schläfst, läuft der Kopfmechanismus weiter, du träumst. Du denkst immer noch; der Verstand produziert immer neue Ängste und Sorgen." (Osho 2004, S.14) Zumeist bin ich es nicht, der den Verstand benutzt, vielmehr benutzt mein Verstand mich. (vgl. Mipham 2005, S.20) Ich bin „unbewusst mit ihm identifiziert" und darum weiß ich nicht einmal, dass ich „sein Sklave" bin. (vgl. Tolle 2005, S.28; Wolinsky 1997, S.34 f.) Mein Verstand ist unweigerlich krank (vgl. Tolle 2005, S.26) – doch nur wenige Menschen würden den Ihren so bezeichnen.

Von meditativen Stimmungen ist die Meditation, als planvoll eingesetzte Methode abzugrenzen. Sie bewegt mich dazu, mich mit meinem Verstand anzufreunden, aber das Steuer wieder in meine Hand zu nehmen, mich also von der Herrschaft meines Denkens zu befreien. (vgl. Tolle 2005, S.29) Für die meisten Menschen ist das Erlernen der Meditation, ein langwieriger, schwerer und gelegentlich auch schmerzlicher Prozess, der viel Disziplin erfordert, hingegen auch reichlich Früchte trägt.

„Meditation ist geplantes, achtsames und entspanntes Verweilen im Augenblick. In der Stille des Verstandes kann ich mit meinem wahren Selbst, mit Liebe und Einssein in Fühlung kommen." (Kiehne)

Meditation ist vollkommenes Gegenwärtigsein im Hier und Jetzt, welches ich durch regelmäßiges Üben von oftmals in Religionen eingebetteten Methoden erreiche. In Meditation bin ich mir meiner inneren Prozessen bewusst und deren Zeuge, im Sinne des Beobachters und erschließe, durch das nicht wertende und bedingungsfreie Annehmen aller Gegebenheiten, mein bisher unbewusstes Potential. (vgl. Eggimann 1999, S.69 und 77; Kabat-Zinn 2007, S.17 f.; Osho 2002, S.18 f.)

Meditationsformen

Informelle Meditation oder Achtsamkeit

Die *informelle Meditation* ist das völlige Gewahrwerden bzw. das sich Öffnen für alle Vorgänge innerhalb meines Alltags. Ich bin also vierundzwanzig Stunden am Tag der nicht urteilende (neutrale) Beobachter aller inneren und äußeren Begebenheiten. Im Hier und Jetzt nehme ich all das ganz bewusst, in reiner Akzeptanz wahr, was mich umgibt. Meine Wahrnehmung lasse ich nicht durch Verstandesaktivität (Gedanken und fast alle Emotionen) beeinflussen. (vgl. Von Stern 2004, S.23) Ich reagiere nicht, sondern agiere. Somit bin ich nicht, der vom teils schlammigen Lebensfluss nur Mitgespülte oder Überwältigte, sondern derjenige, der sich das Geschehen aus einiger Entfernung und in aller Klarheit anschaut, dessen Zeuge ist und trotz evtl. auftretender, äußerer Unglücksfälle innerlich tiefes Glücklichsein spürt. (vgl. May 1980, S.39; Osho 2002, S.17) - Die informelle Meditation, wird auch als grundlegende Achtsam-keit oder als der Zen-Weg verstanden, in der ich alles Sein als vollkommen erfahre: „Es ist gut, wie es ist:". Wenn ich achtsam bin, ist jeder Ort sowie jeder Moment heilig, jeder Atemzug ist ein wunderbares Erlebnis, jeder Gedanke ist ein Gebet, jede meiner Handlungen, ob es nun Blumen gießen, abwaschen, sitzen, gehen, trinken oder essen sei, wird zum Ritual. Versuchen sie es! (vgl. Kabat-Zinn 2005; Thich Nhat Hanh 2001, S.35)

Der bekannte Zen-Meister Lin-chi brachte es im neunten Jahrhundert folgender-maßen zum Ausdruck: „Der wahre Zen-Weg ist ganz einfach und bedarf keiner Mühe. Es besteht im Alltäglichen und hat kein Ziel: - sich anziehen, pissen, scheißen, essen und schlafen gehen, wenn man müde ist. Die Unwissenden ohne Zen-Verständnis mögen mich auslachen, doch die Weisen wissen Bescheid." (Kopp 2004, S.15) - Vielleicht bist du jetzt verwirrt und sagst: „Das mache ich doch ebenfalls. Was aber unterscheidet mich dann von einem Erleuchteten?"

Der Weise würde erwidern: „Wenn ich stehe, dann stehe ich; wenn ich sitze dann sitze ich; wenn ich esse, dann esse ich; wenn ich spreche, dann spreche ich. [...] Das tut ihr [aber] nicht, wenn ihr sitzt, dann steht ihr schon; wenn ihr steht, dann geht ihr schon; wenn ihr geht, dann seid ihr schon im Ziel." (Von Stern 2004, S.28)

Formelle Meditation

Der Weg, den gesamten Alltag zur Meditation werden zu lassen, ist allerdings gerade zu Beginn der Praxis recht schwierig. Nur zu oft lenkt mich mein Verstand, mit etwaigen Hindernissen, vom Wesentlichen ab und es fällt mir schwer das Zeuge-Sein aufrechtzuerhalten. Bestimmte Methoden und Techniken helfen mir meine Aufmerk-samkeit zu vertiefen, den immer wieder einsetzenden Geist zu erkennen und seinen Freiraum zu begrenzen. Das ist der Weg der *formellen Meditation*. Ich entscheide mich für ein bestimmtes Verfahren, für einen Meditationsgegenstand, wähle den ent-sprechenden Ort, eine geeignete Tageszeit und versuche, mittels eines Rituals die Intensität und Dauer meiner Bewusstheit zu verstärken bzw. zu verlängern. Ich füge meinem Leben also etwas hinzu.

Die mir zur Verfügung stehenden Techniken der Meditation sind mannigfaltig und sind natürlich nicht nur im Sitzen möglich. Ich kann auch im Gehen, Stehen oder Liegen meditieren, sofern ich bei letzterem nicht einschlafe. Die Entscheidung liegt bei mir, ob ich ruhig auf einem Platz verweile oder mich in Trance tanze (Derwischtanz im Sufismus); ob ich meine Augen offen oder geschlossen halte; die Hände sich ihren Platz selbst suchen oder ich sie in einem speziellen Mudra (Gesten und Hand-positionen) zusammenlege; ob ich meine Atmung beobachte oder sie beeinflusse; ob ich mich auf einen etwaigen Meditationsgegenstand (Bilder: Kerze, Mandala, Ikonen; Vorstellungen: Kreuz, Sonne, Baum etc.; Geräusche und Töne; Gerüche; Rätsel: Koans; Körperempfindungen und Punkte: Chakras; Atmung usw.) fokussiere oder offen für alle Eindrücke bin; ob ich ein Gefühl in mir hervorrufe (Metta-Meditation) oder erspüre, was schon da ist oder auftaucht; ob ich schweigend meditiere oder ich gleiche, sich wiederholende Silben (Mantras: „Om" oder Mudras), Worte (Anrufung Allahs; Christusworte) oder Texte rezitiere, singe, Musik mache (Trommel der Schamanen, Klangschalen der Tibeter) und bete. (vgl. Carrington 1992, S.23 ff; Dahlke u.a. 2005)

9.2. Spezielle Reiki-Meditationen

a) Aura-Meditation

- Probiere folgende Übung: Setz dich tagsüber, wenn du fünf Minuten Zeit hast oder zumindest jede Nacht vor dem Schlafengehen auf dein Bett und visualisiere rund um deinen Körper eine etwa fünfzehn Zentimeter breite, (hellblaue) Aura! Stell dir vor, wie die Aura deinen Körper schützend umschließt! Meditation macht dich sensibel, empfindsam für Umwelteinflüsse und die Energien deines Gegenübers. Die Aura-Meditation ist dein Schutzschild, gerade dann wenn dir „Energieräuber" nicht bewusst sind. Die Meditation wird deine Achtsamkeit beflügeln.

- Äußere folgende Bitte: „Bitte Reiki hilf mir dabei, dass mich meine Aura vollständig umschließt und stärker wird!"

- Wenn du mit der Intension einer schützenden Aura einschläfst, wird dein Unterbewusstsein im Traum die Wirkung verstärken. Und als erstes, wenn du aufwachst: Nimm deine (hellblaue) Aura wahr. Nach 21 Tagen der Übung wir sich deine Achtsamkeit um ein Vielfaches gesteigert haben.

\-_____

_____

_____

_____

b) Gassho - Meditation

- „Gassho" ist japanisch und bedeutet: Zwei Hände kommen zusammen

- Gassho in Verbeugung ist auch ein Begrüßungs- und Verabschiedungsritual und bedeutet: Das Göttliche in mir, grüßt das Göttliche in dir! (wobei „göttlich", unser wahres Selbst meint)

- Hände bequem vor dem Herzen, wie in Gebetsstellung falten, der ausströmende Atem soll die Fingerspitzen berühren

- Durch die Nase Ein- und durch den leicht geöffneten Mund Ausatmen

- Richte alle Aufmerksamkeit auf den Punkt, an dem sich die Mittelfinger berühren – der Punkt des Herzzentrums – vergiss alles andere

___

___

___

___

c) Verbindung mit der Essenz von Reiki

- Sprich zuerst dein Reiki-Gebet um mit der Reiki-Energie zu verschmelzen.
- Stelle dir dann deinen heiligen Platz vor, verwurzele dich und sei ganz da.
- Gehe mit deinem Bewusstsein auf die Reise zur Quelle von Reiki. Vielleicht ist es eine Energie- bzw. Lichtkugel im Weltall – stell dir die Quelle vor, gleich wie du magst.
- Wenn du das Reiki-Licht dann siehst oder fühlst, bleibe in seiner Nähe. Spüre seine Wärme, die Kraft und das liebvolle Wesen. Nimm aus der Geborgenheit deine heiligen Ortes heraus einen tiefen Atemzug und stell dir vor, dass etwas Licht, ein Teil der Reiki-Quelle, seiner bedingungslosen Liebe, in dich eindringt. Nimm dir Zeit! Und bitte dann darum, ganz von der Energie durchdrungen zu werden. Lausche, bzw. warte die Antwort ab, beobachte, ob es sich richtig anfühlt!
- Öffne dich der Erfahrung mit allen Sinnen: Siehe, schmecke, höre, rieche, empfinde! Überlege nicht, was du als Nächstes tun solltest, schwimm in der Energie, sei einfach da – sei Reiki!
- Jetzt kannst du Fragen stellen und von der Energiequelle lernen!
- Bedanke dich abschließend für alles, was du empfangen hast!!! (vgl. Roberts 2011, S.170 ff.)

___

___

___

___

___

d)   Kenyoku (Trockenbaden)

- Kenyoku dient dazu den Körper und die Seele auf Reiki vorzubereiten und physisch, wie psychisch den Organismus von alltäglichen Belangen reinzuwaschen! Ich kann mich besser von meinen Sorgen distanzieren und mich auf den zu Behandelnden einlassen! Kenyoku hilft, im Hier & Jetzt zu sein!
- Lege deine rechte Hand auf die linke Schulter und streiche den Körper bis zur rechten Hüfte ab. Wiederhole den Vorgang mit der linken Hand, beende ihn, mit einer Wiederholung von der rechten Hand!
- Streiche nun mit der rechten Hand behutsam über linken Arm, das Handgelenk und die offene Handfläche über die Fingerspitzen hinaus. Wiederhole den Vorgang einmal mit der linken, abschließend mit der rechten Hand. (vgl. Lübeck 2005 a, S. 151)

-

WICHTIG: Hilfe, um den Geist zu klären

- Körper: schwungvoller Abstrich
- Geist: in Klarheit fokussiert (z.B. auf die Atmung)
- Einatmung: „Rei"; Ausatmung (Abstrich): „Ki"

e)   Aura-Abstreichen & Aufstreichen mit Reiki

- Vor der Reiki-Behandlung: Schritt 1: Wasche dir die Hände und spüle dir, wenn du möchtest, kurz den Mund aus.
- Schritt 2: Streiche mit beiden Händen langsam 10 - 20 cm vom Körper des Klienten entfernt an dessen ganzen Körper herab. Beginne 10 - 20 cm über dem Kopf und fahre bis 10 bis 20 cm hinter den Füßen fort.
- Streiche nach der Reiki-Behandlung die Aura mit beiden Händen, etwa 10 - 20 cm vom Körper des Klienten entfernt, von dessen Dantien (Energiepunkt zwei Fingerbreit unter dem Bauchnabel) kräftig ein- droimal bis 10 - 20 cm über dem Kopf auf. (vgl. Lübeck 2005 b, S. 44 ff.)

- Das Abstreichen bewirkt eine Entspannung des Muskeltonus, das Aufstreichen eine Aktivierung des Organismus (eine ähnliche Übung wird z.B. in der Kinesiologie und im Qigong genutzt.)

-

f)   Joshin Kokyuu-Ho (Atemmeditation)

- Bedeutet: „Atemübung um den Geist zu läutern"; stärkt die energetische Behandlung und das Bewusstsein, die Kraft im Dantien zu sammeln
- Atme durch die Nase ein und stelle dir dabei vor, wie du die Reiki-Energie durch das Kronen- oder Scheitelchakra in deinen Körper ziehst. Leite die Energie mit deinem Atem hinunter ins Dantien. Wenn der Atem diesen Punkt erreicht, halte ihn dort einige Sekunden, ohne dich zu sehr anzustrengen. Finde dabei deinen eigenen Rhythmus. Visualisiere, wie sich dieser Atem ausbreitet, deinen ganzen Körper durchdringt und belebt. Atme schließlich durch den Mund wieder aus, in der Vorstellung, wie die Energie durch deine Handchakren aus deinem Körper fließt. (vgl. Lübeck 2005 a, S. 156)

-

g)   Byosen

- Bedeutet: „Krankheitsschwingung"! Bei der Technik geht's darum, den Krankheitsherd zu entdecken/ zu erfühlen und die Hände so lange aufzulegen, bis sich die Schwingung verändert. „Das Byosen ist dort zu finden, wo die Ursache oder Quelle der Krankheit sitzt und nicht immer da, wo der Schmerz oder das Symptom auftritt. Meistens wird auch der Kopf mitbehandelt, da dort das Zentrum der Selbstheilungskraft sitzt." (Klatt 2005, S. 36)

- Lege eine Hand auf dein Herz oder einen Körperteil der gesund und entspannt ist. Mit der anderen Hand fährst du langsam den Körper (ca. 5-10 cm darüber) der zu behandelnden Person ab. Nimm die Schwingungsunterschiede in den Händen wahr – die Hand auf deinem Körperteil wird sich normal (warm, entspannt, gleicher Energiefluss) anfühlen. Die andere Hand, wird die Spannung (z.b. in der Schulter) spüren. Hast du ein Byosen entdeckt, so gib dieser Stelle einige Minuten lang Reiki. (vgl. Klatt 2005, S. 38)

-
_____

_____

_____

_____

Diese Übung ist, meiner Meinung nach, eine der wichtigsten Techniken im ganzen Reiki-System. Sie hilft uns, die Sinne zu schärfen, quasi zu lauschen, zu beobachten, sich einzufühlen und den Körper intuitiv wahrzunehmen. Im Kapitel 10 werde ich noch einmal speziell auf mögliche Empfindungen beim Reiki-Geben und Blockaden aufspüren eingehen!

h) Gegenstände/Lebensmittel mit Reiki behandeln

- Setze dich bequem hin und atme einige Male tief durch. Sprich dein Reiki-Gebet und umfasse den zu behandelnden Gegenstand, berühre das Lebensmittel und lass Reiki fließen. Folge bezüglich der Zeitspanne deinem Gefühl. Falls du ein Kribbeln, ein magnetisches Gefühl, sehr viel Wärme oder Kälte empfindest, behandle den Gegenstand weiter, solange bis sich das Gefühl normalisiert. (vgl. Lübeck 2005 b, S. 91) Probiere diese Übung zum Beispiel einmal aus, indem du das Glas Rotwein am Abend oder aber die Blumen in der Vase mit Reiki beschenkst.

-
_____

_____

_____

_____

i)   Arbeiten mit Reiki

- Verbinde dich mit der Reiki-Kraft (Reiki-Gebet aus Kapitel 7: „Bitte Reiki, fließe in mir!"). Lass die Reiki-Kraft bewusst (im Sinne eines Achtsamkeitstrainings) während deiner Arbeit fließen.

-
_____

_____

_____

_____

j)   Verbindung mit dem inneren Frieden/deinem inneren Lächeln

- Sitze entspannt oder liege, lege die Hände überkreuz auf die Brust oder unter die Achselhöhlen und lasse Reiki fließen.
- Lass in deinem Herzen ein Gefühl von Frieden aufkommen. Wenn dir das zu abstrakt ist, entzünde ein „Inneres Lächeln" im Hara und beobachte dich in diesem Glanz! Entspanne dich und konzentriere dich auf dieses Gefühl. (vgl. Tanmaya Honervogt 2002)

-
_____

_____

_____

_____

k)   Meditation des goldenen Lichts („Golden Light")

- „Beim Einatmen stelle dir eine große Flut von Licht vor, die durch deinen Kopf in deinen Körper eintritt, so als wäre die Sonne ganz nahe vor deinem Kopf aufgegangen. Du bist ganz hohl und das goldene Licht ergießt sich in deinem Kopf und es fällt und fällt, ganz tief und tiefer, bis es durch deine Zehenspitzen wieder hinausgeht." Atme in dieser Vorstellung ein, und das goldene Licht hilft dir, deinen ganzen Körper zu reinigen, dich von oben bis unten mit Kreativität anzufüllen, dies ist der männliche Anteil deiner Energie.

- Und wenn du ausatmest, stelle dir vor, wie Dunkelheit durch deine Zehenspitzen in den Körper fließt. Ein großer dunkler Strom tritt durch deine Zehen ein, fließt aufwärts bis zum Kopf und dort wieder hinaus. „Atme ganz langsam und tief, damit du es dir vorstellen kannst. Dies ist die weibliche Energie. Sie wird dich sanft und empfänglich machen, sie wird dich beruhigen und ganz entspannen." (Osho 2004, S. 31; Musik: Oshos Golden Light)

\-

l)   Folge dem „Ja" (Wille & Akzeptanz)

- „Folge in der Meditation dem Ja, gehe immer den Weg der Ja sagt. Arbeite mehr mit dem Ja zusammen – von daher wirst du deine Einheit finden. „Nein" hilft nie, die Einheit zu erreichen, [Nein entzweit, konstruiert Mauern zwischen Menschen und Blockaden im eigenen Fühlen und Denken]. Es ist immer nur das Ja das hilft, denn Ja ist Akzeptieren, Ja ist Vertrauen, Ja ist Gebet."
- Das Nein darf natürlich nicht unterdrückt werden. Wenn du es unterdrückst, rächt es sich und wird stärker. Die Gefahr ist dann, dass es eines Tages ausbricht und das „Ja" erstickt. Unterdrücke niemals dein Nein, ignoriere es. Darin liegt ein gewaltiger Unterschied: Du weißt, es ist da, erkennst es an. Du sagst: „Ja, ich weiß, du da bist, aber ich höre auf mein Ja." (Osho 2004)
- Beispiel: „Mich stört die laute Musik, mach sie aus!" – „Ja, ich höre die Musik und es ist in Ordnung. Ja, ich bin entspannt!"; „Es ist ok, dass ich gerade nicht einschlafen kann!"; Akzeptiere ich die Gegebenheiten, folge ich dem Ja!

\-

WICHTIG: „JA", steht auch für den Willen meiner Heilung. Wenn ich wirklich gesund werden will, geschehen auch erlebbare Veränderungen!!!

m) Heilsteinarbeit mit Reiki

- Suche dir zuerst einen passenden Heilstein aus. Das kann durchaus ein einfacher Stein sein, den du (Besser: der Dich gefunden hat!) im Wald bei einem Spaziergang, auf einer Seelenreise zu dir selbst entdeckt hast. Reinige ihn mit Salzwasser und lade ihn mit Reiki auf (vgl. Übung h).

- Setze oder lege dich entspannt hin und beruhige zunächst deine Atmung. Mach dich frei von den Sorgen des Alltags. Wenn du das Gefühl hast, ein reiner Kanal zu sein, verbinde dich mit Reiki.

- Nimm den Heilstein in deine rechte Hand! Stelle dir nun vor, du trittst aus deinem Körper heraus und siehst dich nun von vorn/ bzw. von oben. Dein Körper ist ganz durchsichtig, wie aus Glas oder aus klarem Kristall.

- Schaue dann, oder frage ihn, ob es etwas gibt, was im Ungleichgewicht ist, etwas das normalerweise hier nicht hingehört – ein Fremdkörper sozusagen! Wenn du etwas gefunden hast, beschreibe ihn, stelle das Objekt ganz konkret dar (Farbe, Form, Oberfläche, Temperatur etc.). Tritt mit diesem manifestierten Objekt in Kommunikation und erspüre es, nimm es von innen heraus wahr (Wie fühlt es sich an?)!

- Jetzt versuche es zu verändern, es neutraler zu gestalten (Dunkles wird heller, Kaltes wärmer, Großes kleiner etc.)! Beobachte, wie du mit deiner Intension darauf einwirken kannst! Lege jetzt deine freie Hand auf die beobachtete Stelle und lasse Reiki einfließen.

- Versuche dann das Objekt zu verschieben – mache es ganz langsam. Bewege es zuerst in deine rechte Schulter (vom Herzen weg), dann hinunter in den rechten Arm in deine Hand, in der dein Heilstein liegt.

- Imaginiere, dass der Fremdkörper sich auflöst, in den Heilstein übergeht. Wenn sich die Blockade vollständig aufgelöst hat, lass ihn zu Boden fallen, gib alles ab und werde leer! Erspüre diese Leere und lass dich anschließend ganz von Reiki durchfluten! (vgl. Roberts 2011, S. 41 ff.)

- _____
_____
_____
_____

WICHTIG: Nimm diesen Fremdkörper (evtl. den Schmerz) nicht als deinen Feind wahr, den du endlich loswerden willst. Er ist ein Teil von dir, geschaffen vom Unterbewusstsein & deiner Seele, um dir etwas mitzuteilen! Bitte ihn, dass er dir verstehen hilft, was die Ursache ist (alte Verletzung, ein längst überholter Glaubenssatz etc.). Versuche ihn zu akzeptieren, als Teil von dir anzunehmen. Thich Nhat Hanh sagt: „Lächle deinen Schmerz an!" Und, sei dann voller Dankbarkeit, wenn er sich umwandeln lässt! Aber erwarte es nicht, mache dich frei von dem Wollen und gib ihm Zeit! Gib vor allem dir selbst Zeit: Zum Verstehen, zum Vereinen, zum Vertrauen!

- _____
_____
_____
_____

n) Reiki-Mudra-Meditation

- Atme tief ein und aus. Lass den Atem, wie die Wellen eines Meeres sein, an dessen Strand du im warmen weichen Sand stehst. Kontrolliere den Atem nicht, beobachte ihn bloß - so wie sich auch Wellen nicht beherrschen lassen.

- Wenn der Atem sich vertieft hat, stell' dir vor, am Horizont würde die Sonne aufgehen. Nimm mit jeder Einatmung den Glanz der neugeborenen Sonne in dir auf, deren Strahlen du in jeder Welle millionenfach vor dir siehst. Stell' dir vor, wie der Atem von weit her und in dein Herzchakra dringt. (Alternativ stell' dir vor, wie die Strahlen dein Stirn-Chakra/ dein drittes Auge erleuchten!)

- Mit jeder Ausatmung spürst du, wie sich von hier aus der ganze Körper nährt, wie sich dein Herz mehr und mehr weitet und die Aura um dich herum, immer größer und lichtvoller wird.

- Du atmest die Sonnenkraft ein und bist ausatmend ihr Abglanz, wie die sanfte Mondin, die mit ihrem Licht die Welt beschenkt. Einatmend denkst du dabei „Rei", austamend „Ki", ... „Rei - Ki"! (Praktiziere diese Übung 5 Minuten ... oder eine Stunde lang ... und staune!)

-
_____

_____

_____

_____

o) Circle of Excellence (Zauberkreis, NLP)

- Die Übung Zauberkreis aus dem Technik-Fundus des NLP (Neuro-Linguistisches-Programmieren) hilft dir, positive Erfahrungen öfter zu erleben.
- Suche dir dafür eine positive Erfahrung aus, z.B. Heiterkeit, Gelassenheit. Verbinde dich mit Reiki. Ziehe dann auf dem Boden einen gedachten Kreis und lasse ca. 5 Minuten Reiki hineinfließen, wenn du magst, gebe dem Kreis spontan eine Farbe. Rufe dir den gewünschten Zustand in Erinnerung und erlebe ihn voll und ganz. Wenn du auf dem Höhepunkt der Erfahrung bist, betritt den Kreis. Wenn die Energie abflaut oder die Konzentration nachlässt, verlasse den Kreis. Lade in den nächsten Tagen den Kreis noch öfter auf (21 mal!!!) um für Belastungssituationen ein stabiles Glücksgefühl zu erzeugen.
- **Variation:** Wähle eine bestimmte Geste (z.B. Daumen der rechten Hand drückt leicht die Spitze des Zeigefingers), die du im Höhepunkt deines gewünschten Gefühls berührst. Dieses persönliche „Mudra" speichert das positive Gefühl, es koppelt sich quasi an. Du kannst diese Verbindung jetzt nach Belieben oft aufladen und dann in Stresssituationen abrufen.

-
_____

_____

_____

_____

p) Positive Punkte (NLP)

- Mit dem Halten der Position verhinderst du das automatische Ablaufen der biochemischen Stressreaktion in belastenden Momenten: Verbinde dich mit Reiki und berühre ganz sanft mit Zeige- & Mittelfinger die „Stirnbeinhöcker", zwei leichte Erhebungen über deinen Augen. Dabei stell dir dein Problem vor.

Nach und nach wird sich die Anspannung lösen & du kannst kreative Antworten auf die Fragen finden.

- **Variation 1:** Lade diese Geste durch die **„Verankerung"** mit einem positiven und entspannendem Erlebnis auf. Versuche deine Erinnerung mit allen Sinnen möglichst intensiv zu beleben.
- **Variation 2:** Halte die Positiven Punkte und stell dir dabei eine Situation vor, die dich normalerweise in Stress versetzt (Vortrag, Prüfung etc.) und in der du gerne entspannt sein und bei dir bleiben möchtest. – Spiele in Gedanken jede Situation durch, die evtl. eintreffen kann, egal ob gut oder schlecht. Die Position hilft in einem neutralen Geisteszustand zu bleiben.

- _____
- _____
- _____
- _____

q) Augenkreisen (NLP)

- Diese Übung gleicht dich emotional aus, baut Stress ab und aktiviert das gesamte Gehirn. Die Energie wird im Bereich deines dritten Auges stimuliert.
- Halte, wie in der Vorübung die positiven Punkte und lass dabei Reiki fließen. Lass dann deine Augen langsam kreisen, zuerst 12 mal im Uhrzeigersinn dann entgegen dem Uhrzeigersinn. Spanne dabei wirklich deine Augenmuskeln an. Wiederhole die Übung so lange, bis das Kreisen ganz flüssig und geschmeidig läuft. Stellt sich in irgendeiner Position ein Zucken oder Schmerz ein, dann verweile dort, bis du Erleichterung verspürst.

- _____
- _____
- _____
- _____

r)   Reiki Mawashi (Reiki-Kraftkreis-Gruppenübung)

- Setzte dich mit deinen Reiki-Freunden in einen Kreis und haltet eure Hände einige Zentimeter über/ unter die Hände der Personen neben euch. Dreht eure linke Hand nach oben und eure rechte Hand nach unten. [Auch anders herum möglich. Experimentiere!] Der Lehrer setzt den Fluss der Energie in Bewegung und sendet die Energie zu linken Person von ihm. Der Empfänger erhält die Energie mit seiner rechten Hand und lässt sie durch seinen Körper strömen, dann gibt er sie an den nächsten durch seine linke Hand weiter. Führe dieses wunderschöne Reiki-Ritual fünf bis zehn Minuten lang aus. (vgl. Lübeck 2005a, S. 162)

-
_____

_____

_____

_____

(Reiki-Mawashi als Abschluss eines Wochen-Treffens)

10. Wahrnehmungen beim Reiki-Geben - Byosen

Im Übungsteil hast du ja bereits deine Erfahrungen mit der Technik zum Byosen („Byo" = krank; „Sen" = Ansammlung/ Blockade) sammeln dürfen. Wahrscheinlich hast du Reiki als unbestimmte Hitze, als Pochen, als Fließen oder entsprechendes wahrgenommen oder zumindest, andere Teilnehmern bei den Hier-&-Jetzt-Runden von ähnlichen Empfindungen berichten hören. Wenn nicht, ist es auch in Ordnung. Reiki fühlt sich oft beim Geben und Bekommen anders an. Und jede Person hat aufgrund ihres individuellen Erfahrungsmusters unterschiedliche Empfindungen und differenzierte Beschreibungen für diese. - In diesem kurzen Kapitel möchte ich verschiedene Wahrnehmungen beschreiben, die du mit aller Wahrscheinlichkeit beim Reiki-Geben beobachten kannst. Sie lassen verschiedene Deutungen auf Krankheitsherde zu, dürfen/ sollten aber nicht als Diagnosen verwendet werden!

Byosen beginnt oft in der Nierengegend und macht sich dann zumeist an Kopf, Schultern und zwischen den Schulterblättern bemerkbar. Von dort zieht die Krankheitsschwingung weiter den Körper herab und lagert sich vor allem an großen Gelenken, den inneren Organen und den Blut- und Lymphbahnen an. Hellsichtige bemerken Byosen noch vor den körperlichen Symptomen zuallererst in Ausbeulungen und gräulichen Verfärbungen der Aura eines Menschen. Dies ist auch einer der Gründe, weshalb wir mit der Reikianwendung am Kopf beginnen und sie Kern jeder Kurzbehandlung sein sollte. Wichtig ist auch, dass wir stets gleichseitig behandeln, auch wenn das Problem scheinbar nur auf einer Körperseite besteht. - Wenn du keinen Byosen spürst, obwohl ein Mensch schwer krank ist, könnte es sich um eine Fehldiagnose oder eine massive Einnahme von Medikamenten-cocktails handeln, die hereinströmende Energien behindern. Sei an dieser Stelle bitte noch einmal daran erinnert, dass die Reiki-Gabe keinen Arzt ersetzt und im besten Fall mit dieser Fachperson abgesprochen werden sollte!!!

Stufen des Byosen (vgl. Petter 2010, S.22 ff.; Yamaguchi 2006, S.71 ff.):

- *Stufe eins: Onnetsu* > Wärme, Hitze, Fieber oder leichte Temperatur; geringe Mengen von Schadstoffen haben sich im entsprechenden Bereich angesammelt, wobei alles noch in Ordnung ist

-

-

• *Stufe zwei: Atsui Onnetsu* > heiße Hitze, brennende Hände, schwitzende und gerötete Haut; auch hier ist noch alles im grünen Bereich

-

-

• *Stufe drei: Piri Piri Kan* > Kribbeln, Gefühl von Nadelstichen, bis Taubheit in den Händen (starker Byosen, schon fast der Stufe vier)

-

-

• *Stufe vier: Hibiki* > Pulsieren, Pochen (ähnlich einer Zahnentzündung), Kälte (starker Byosen); solange mit der Behandlungsreihe fortfahren, bis der Hibiki verschwunden ist; Zeichen eines pathologischen Problems

-

-

• *Stufe fünf: Itami* > Schmerz, kann durch die Finger bis in den Ellenbogen hochziehen; Behandlung nicht plötzlich beenden, warten bis der Schmerz abgeklungen und aus dem eigenen Körper heraus gezogen ist; WICHTIG: Keine Angst, es gibt beim Reiki keinen Rückfluss an „negativer" Energie!

-

-

11. Abschließende Gedanken zur Heilung

Letztendlich bleibt die Frage nach der Heilung, dem Gesundwerden. Es ist das große Geheimnis des Lebens, warum ich vielleicht auch mit Reiki nicht alle meine Probleme in den Griff bekomme oder weshalb sie sich meinem Griff, wie von Zauberhand entziehen. Selbstverständlich kann sich nicht lösen, was ich nicht loslassen kann (möchte), wofür ich noch nicht bereit bin. Der innere Schweinehund (man beachte die oft abfällige Beschreibung unseres Ichs), unsere Gewohnheiten und Glaubenssätze, die Blockaden und „Schattenseiten" haben stets einen Grund. Oftmals sind es bewährte Strategien einen etwaigen Nutzen/Vorteil zu erzielen. Ich kann mich also erst von ihnen befreien, wenn ich von dem frei bin, von dem ich mich abhängig wähnte. Zudem bin ich niemals frei, wenn ich auch nur zu dem geringsten meiner Anteile „Nein" sage. Erst ein grenzenloses „Ja", verbindet uns mit unserem vollen Potential das Gesundsein ermöglicht! Um in Gewissheit dieses großen (für den Verstand über-fordernden) Ziels nicht vorzeitig sämtliche Hoffnung aufzugeben, bietet das Reiki-System das notwendige Handwerkszeug – die Lebensregeln (vgl. Kapitel 3):

Gerade heute, bin ich zuversichtlich!
(ich reinige meine Gedanken, trage den „Anfänger-Geist"
(Erwartungslosigkeit & schlichtes Beobachten) des Zazens in mir)

Gerade heute, bin ich glücklich!
(ich kläre meine Gefühle, mehre mein „Inneres Lächeln")

Gerade heute, arbeite ich hart an mir! Gebe mein Bestes!
(Wunsch zu Gesunden, den Krankheitsgewinn aufzugeben)

Gerade heute, bin ich dankbar!

Gerade heute, wünsche ich allen Lebewesen Weisheit und Liebe!!!

Exkurs: Entwurf eines eigenen Reiki-Rituals:

„Aber wie bitte", fragst du dich am Ende berechtigterweise, „kann ich das alles in meinem Alltag umsetzen?" In einem geschützten Rahmen des Shoden-Reiki-Grades mag das Reiki-Praktizieren einfach erscheinen, aber im Alltag, der weiß Gott alles andere als perfekte Bedingungen der Muße und Stille in sich birgt?! Dort braucht es in jedem Fall ein geeignetes Meditationsritual, um Reiki zu vertiefen, zu verankern. Beim Erstellen meines eigenen Rituals kamen mir damals ganz banale, weltliche Fragen auf:

➢ In welchem **Raum** bzw. an welchem **Ort** in der Natur möchte ich meditieren?

_____

_____

_____

➢ Welche **Tageszeit** ist möglich/ geeignet? (Wann kann ich mich konzentrieren?)

_____

_____

_____

➢ Habe ich für die entsprechenden/ **optimalen Bedingungen** gesorgt, bzw. was muss ich noch beachten? (Kissen, Decke, Kerze, Musik, äußere Reinheit des Raumes, äußere Stille, Verständnis meines Umfelds, Recht auf Zeit für mich)

_____

_____

_____

➢ Welche **Meditationsform** mag ich, wie genau soll mein **Reiki-Ritual** ablaufen?

_____

_____

_____

➤ Was gehe ich mit inneren und äußeren Widerständen um (Störquellen, der eigene Schweinehund etc.)

Solch ein Reiki-Ritual hilft mir, Meditation als ein Baustein der Heilung, der Persönlichkeitsentwicklung & spirituellen Reifung im Alltag zu integrieren. Es kann aber immer nur **ein Anfang** sein, einmal am Tag für beispielsweise eine Stunde lang Reiki zu praktizieren. Viel besser wäre es noch drei- bis viermal kürzere Phasen der Übung in den Alltag einzubauen, weil ich so mein Bewusstsein für diese Form der inneren Arbeit viel eher vertiefen können. Reiki kann vornehmlich dann zur Heilung beitragen, wenn es ein wichtiger Teil meines Alltags wird. Reiki ist, wenn ich mir z.B. so oft wie möglich die Lebensregeln vergegenwärtige, dann nicht mehr nur Technik, sondern eine spirituelle Haltung, dann praktiziere ich nicht mehr Reiki ... nein, dann lebe ich es!

Ideen, wie ich Reiki in meinen Alltag einbauen kann:

➤ Mit Reiki kochen, den Haushalt erledigen, handwerkeln etc.

➤ Menschen mit Reiki begrüßen, umarmen, beschenken

➤ Mich in der Warteschlange mit Reiki erden

➤ Reiki atmen (mich aufladen), wo immer ich gerade stehe & gehe

➤ Mich bewusst innerlich reinigen (wenn ich meine Hände wasche/ dusche)

➤ Meine Pflanzen mit Reiki beschenken, wann immer ich sie gieße

➤ Autofahrten, Hauseingänge, Tunnel & Brücken mit Reiki segnen

➤ Die äußere Welt als Spiegelbild meines Innenlebens/meiner Seele sehen, begrüßen & dankbar annehmen

➤ Andere Ideen (wie schön, dass es Millionen Möglichkeiten gibt 😊)·

---

12. Literaturliste

Dahlke, Rüdiger: Krankheit als Weg. Deutung und Bedeutung der Krankheitsbilder. Goldmann 1990

Emoto, Masaru: Wasserkristalle.Koha Verlag 2008, 2.Aufl.

Furomoto, Phyllis Lei: Reiki, Armut & soziale Gerechtigkeit. Im Reiki Magazin 3/2005

Hayashi, Petter, Yamaguchi: Die Reiki-Techniken des Dr. Hayashi. Windpferd Verlag, Aitrang 2003

Honervogt, Tanmaya: Reiki – Gesundheit und Harmonie durch die Heilkraft der Hände. 2002

Horan, Laxmi P. in: Doerr, Frank: Die Reiki-Lebensregeln. Windpferd, Aitrang 2005

Hosak, Mark; Lübeck, Walter: Das große Buch der Reiki-Symbole. 2006, Windpferd

Klatt, Oliver: Die Reiki-Systeme der Welt. Windpferd Verlag 2005

Lübeck, Walter; Petter, Frank Arjava: Das Reiki – Kompendium. Windpferd 2005 a

Lübeck, Walter, Petter, F. A.: Reiki – die schönsten Techniken. Windpferd 2005 b

McFadyen, Mary: Die Heilkraft des Reiki. Rowohlt Taschenbuch Verlag 2004, 3.Aufl.

Osho: Das Orangene Buch. Innenwelt Verlag, Köln 2004, 11. Aufl.

Petter, Frank Arjava: Das Reiki-Feuer. Windpferd 2009

Roberts, Llyn; Levy, Robert: Schamanisches Reiki. Heyne-Verlag, München 2011

Trempler, Dierk: Heilpraxis in der Sozialen Arbeit 1. Universität Lüneburg 2007

Usui, Mikao: Original Reiki-Handbuch 1999

Yamaguchi, Tadao: Jikiden Reiki. Traditionelles japanisches Reiki. Windpferd Verlag, Aitrang 2006

Literaturverzeichnis der Exkurse

Abend, Matt Galan: Sprechstunde mit dem inneren Arzt. Vianova, Petersberg 2007

Adams, Patch: Gesunde Gemeinschaft-Humor als Medizin. Auditorium Netzw., 2007

Carrington, Patricia: Das große Buch der Meditation. O. W. Barth, München 1992

Dahlke, Mühlbauer, Preiml: Die Säulen der Gesundheit. Hugendubel, Kreuzlingen/ München 2000

Dahlke, Ruediger; Dahlke, Margit: Meditationsführer. Schirner, Darmstadt 2005

Faltermaier, Toni u.a.: Gesundheit im Alltag. Juventa Verlag, München 1998

Jung, Mathias: KrankSein und GesundWerden. Emu Verlag, Lahnstein 2006

Kabat-Zinn, Jon: Gesund durch Meditation. O. W. Barth, Frankfurt am Main 2005

Kabat-Zinn, Jon: Im Alltag Ruhe finden. Fischer, Frankfurt am Main 2007, 2.Aufl.

Kiehne, Carsten: Gesundsein trotz Sozialer Arbeit. Selbstreflexion durch Meditation. Grin Verlag 2007

Kuby, Clemens: Heilung. Das Wunder in uns. Kösel, München 2006, 4.Aufl.

Miethe, Manfred: Wer glücklich ist, kann glücklich machen. Scherz, München 1997

Mipham, Sakyong: Wie der weite Raum. Die Kraft der Meditation. DTV, München 2005

Osho: Meditationsführer. Mit 60 Meditationstechniken. Goldman, München 2002

Rogers, Carl R.: Therapeut und Klient. Gesprächspsychotherapie. Fischer, Frankfurt am Main 2004

Petzold, Hilarion: Psychotherapie, Meditation, Gestalt. Junfermann, Paderborn 1983

Stevens, John O.: Die Kunst der Wahrnehmung. Gestalttherapie. Gütersloher Verlagshaus 1993, 13.Aufl.

Tepperwein, Kurt: Gesund für immer. Goldmann Verlag, München 2005, 2.Aufl.

Tolle, Eckhart: Jetzt! Die Kraft der Gegenwart. Ein Leitfaden zum spirituellen Erwachen. J. Kamphausen Verlag, Bielefeld 2005, 13.Aufl.

Buchempfehlungen (neben meinen Reiki-Workshopmappen)

Kräutersagen aus dem Harz

Über 70 Kräutersagen, zusammengesammelt & neu aufge-
schrieben aus über 100 alten Harzer Sagenbüchern; mit alt-
überlieferten Ideen zur Heilanwendung & Rezepten (19,99 €)

Sagenhafter Ostharz - fast Vergessenes

Weit über 100 Sagen & Märchen erzählen vom Unterharz &
seinen besonderen Flecken, allesamt Ausflugstipps für Harz-
liebende, oft nicht einmal von Einheimischen gekannt. (22,- €)
- auch Bücher vom Nord-, West- & Südharz sind verfügbar!

Sagen als Weggefährten - Heilkräuter

Aller 3 Monate erscheint die Online-Ausgabe unserer Sagen-
zeitung, die wir in diesem Fall drucken ließen, weil sie sich
solcher Aufmerksamkeit erfreute: Es geht um Heilkräuter (die
nicht in unseren Büchern stehen), natürlich um Rezepte &
Interviews mit Kräuterfrauen. (9,50 €)

Bäume - heilig & heilsam

Dieses Buch erzählt die Sagen der bekanntesten deutschen
Bäume, erklärt mythologische Fakten, Heilanwendungen,
Kreativideen & gibt dir Anregungen, wie Bäume noch heute
Freunde & Ratgeber sein können! (24,90 €)

Sagenhaftes Glück

Was wussten Großmutter & Großvater über das Glück zu
erzählen? 30 Sagen, gute Gedanken & Achtsamkeitsübungen
rund um das nach wie vor aktuelle Thema Glück (13,90 €)

Willkommen in unserer Ferienwohnung

Kennst du das? Du buchst einen Urlaub und brauchst Tage, um dir das perfekte Urlaubsprogramm zurechtzuschneidern, stellst am Ende aber fest, dass du viel zu viel Geld ausgegeben hast und dir trotzdem die besten Highlights entgangen sind??? 😊 Wenn dir das bekannt vorkommt, ist es vielleicht Zeit, dass du dich an einen Profi wendest?!

In der ca. 40 qm großen und gemütlichen Ferienwohnung von Reiki im Harz – bestehend aus Wohnzimmer, Schlafzimmer, Küche, Bad, naturbelassenem Hinterhof mit separatem Zugang – kannst du zum einen ganz auftanken und deine Seele baumeln lassen, zum anderen mit absolut individuellen Wander- und Geheimtipps (die du hier aus erster Hand bekommst), die perfekten Tagestouren planen. Dein „Herbergsvater" ist nämlich neben Reiki-Meister & Meditationslehrer, auch Sagensammler & Erzähler, Wanderkaiser der Harzer Wandernadel und Harzklub-Wanderführer … und das seit über 10 Jahren. In dieser Zeit habe ich auf über 1.000 geführten Touren weit mehr als 10.000 Menschen vom Harz und dessen Sagenwelt begeistert!

Als Gast bekommst du auf Anfrage, neben den individuellen Ausflugstipps zu genialen Kraftorten, vorchristlichen Kultplätzen und wunderschönen Orten in der Natur (an denen du deine Seele baumeln lassen kannst), Einblicke in eines der größten Sagenbucharchive Deutschlands. Du kannst gratis an den geführten Abendwanderungen durch den Kurort Bad Suderode teilnehmen oder vergünstigt einen unserer vielen Workshops buchen. Vor Ort erwarten dich weitere Über-raschungen, aber dazu später mehr! 😊

Wann willst du anreisen? Schau doch gleich einmal auf AIRBNB unter „Sagenhaft Wohnen", ob dein Wunschurlaubszeitraum noch frei ist, ruf' an (0160 / 9955 7252) oder schreib' eine Mail (carsten.kiehne@gmx.net)!

Bis ganz bald bei „Reiki im Harz"

PS.- kleiner Tipp: Du findest „Reiki im Harz" auch bei FACEBOOK